古代歷史文化 研究輯刊

十三編

王明蓀 主編

第 26 冊

世紀海洋之澳門藍色文明（上）

田若虹 著

國家圖書館出版品預行編目資料

世紀海洋之澳門藍色文明（上）／田若虹 著 -- 初版 -- 新北市：
花木蘭文化出版社，2015〔民 104〕
目 2+160 面；19×26 公分
（古代歷史文化研究輯刊 十三編；第 26 冊）
ISBN 978-986-404-036-0（精裝）
1. 區域研究 2. 澳門特別行政區
618   103026967

ISBN-978-986-404-036-0

古代歷史文化研究輯刊
十三編　第二六冊　　　　ISBN：978-986-404-036-0

世紀海洋之澳門藍色文明（上）

作　　　者　田若虹
主　　　編　王明蓀
總 編 輯　杜潔祥
副總編輯　楊嘉樂
編　　　輯　許郁翎
出　　　版　花木蘭文化出版社
社　　　長　高小娟
聯絡地址　235 新北市中和區中安街七二號十三樓
　　　　　　　電話：02-2923-1455／傳真：02-2923-1452
網　　　址　http://www.huamulan.tw 信箱 hml 810518@gmail.com
印　　　刷　普羅文化出版廣告事業
初　　　版　2015 年 3 月
定　　　價　十三編 27 冊（精裝）台幣 52,000 元

世紀海洋之澳門藍色文明(上)

田若虹　著

作者簡介

田若虹，廣東五邑大學教授。湖南師範大學文學碩士；華東師範大學文學博士。曾先後在澳門科技大學、華東師範大學、湖南嶽麓書院訪學。主要研究領域：中國古代文學、文藝學、專門史、宗教學、民俗學。歷年來在日本、韓國、新加坡、港、澳、臺等國內外學術期刊如：韓國《中國學論叢》、《中國小說論叢》；日本《清末小說研究》、《清末小說から》、《澳門文獻資訊學刊》；《中國文化月刊》、《鵝湖月刊》、《明清小說研究》、《中國文學研究》等刊物發表論文近 80 篇。出版專著：《陸士諤研究》、（湖南嶽麓書社）、《陸士諤小說考論》（上海三聯書店）、《藝文論稿》（中國戲劇出版社）、《嶺南文化論粹》（光明日報出版社）、《世紀海洋之澳門藍色文明》（臺灣花木蘭文化出版社）等。

提　　要

黑格爾曾如此描述大海的性格特徵：「大海給了我們茫茫無定、浩瀚無際和飄渺無限的觀念，人類在大海的無限裏感到自己的無限的時候，他們就被激起了勇氣，要去超越那有限的一切。大海邀請人類從事征服，從事掠奪，但是同時也鼓勵人類追求利潤，從事商業。」這種海洋民族性格特徵不僅對古希臘、羅馬文明影響深刻，其於十六世紀以來澳門之藍色文明亦然。

「水中可居之地，可通出入」之澳門地理，成就其漁港之天時地利；澳門作為中西貿易的橋樑，率先引領了中國與世界各國的政治、經貿、思想、文化、宗教、文學藝術的互動、交融與滲透，其在中西交往關係史，思想、文化交流史，文學傳播史，與宗教交往史中，顯現了無可撼動之地位。

十六世紀，澳門已是商賈雲集，蕃夷咸至，貿易昌隆，成為了東西方貿易的重要港口，並由此演繹了四百年澳門多元文化發展的歷史。澳門「民夷雜處」的「族群文化」，凸顯著中西文化交融之特徵，如雞尾酒般五彩斑斕，層次分明。「東方蒙地卡羅」讓澳門魅力無窮。宗教文化的多元化在澳門充分展現，儒、釋、道之外，又不乏西方傳入的天主教、基督教、伊斯蘭教等。葡人寓居澳門之足跡，則是中西文學交往史上之別樣風景。民主革命的先驅孫中山、林則徐、康有為等人，亦在澳門留下了篳路藍縷的足跡。此皆為本書所深切關注與探討之。

目

次

第一章　濠鏡漁獵文化之村

一、澳門，海港漁獵文化之特色

1.1　民夷雜處之鏡海漁村

陸希言《墺門記》曰：「考諸《山海經》云，『水中可居之地，謂之墺；可通出入，謂之門。』」〔註1〕澳門原名爲濠鏡，《澳門紀略》載曰：「濠鏡之名，著於《明史》。東西五六里、南北半之，有南北二灣，可以泊船。或曰南北二灣，規圓如鏡，故曰『濠鏡。』」至遲在元末明初，蠔鏡一帶已有定居的居民。明洪武年間，明朝政府平定「海寇」之後，對於山勢幽峻之蠔鏡、望廈等地，允許百姓自由定居。洪武十九年，時任香山縣令的趙彥方，係浙江金華人，幾年後「卒於官」。〔註2〕他的一部份子孫即世居澳地，成爲當地的土著。與此同時，在蠔鏡的南灣一帶，定居的漁民逐漸增多，他們搭建的茅廬草舍也漸漸形成了疏疏落落的漁村，成爲了蠔鏡最初的漁民。蠔鏡的漁民主要靠割蠔、捕魚爲生。蠔鏡既擁有豐富的水產資源，又擁有適合於帆船灣泊的淺水港灣，成就了蠔鏡漁港之天時地利。

道光二十四年，兩廣總督耆英等奏覆體察澳夷實在情形摺稱：「澳門僻處海隅，民夷雜處。關閘以內、三巴門以外，多係民莊，計有天成、龍田、龍環、望廈、石牆、新橋、蒲魚、沙岡等八村，共居民八百一十九戶，田廬墳墓，鱗次櫛比。其夷人所建炮臺名東望洋，係居山臨海，並不占礙民基。三巴門以內，雖盡係夷樓，西洋聚族而處，而其間如盧石塘、賦梅里、沙梨頭等二十一處，具有民房交錯其中，共計四百六十六戶，均繫世守祖業，並不

〔註1〕方豪：《中國天主教史人物傳》中冊，《陸希言》，第250頁。
〔註2〕嘉靖《香山縣志》卷5，縣官表。

輸納夷租，相傳三百餘年，由來已久。計現在澳內夷人男女約四千餘口，而十九年所查民戶丁，共四千九百二十八口，故澳門乃民夷錯雜之區，非徒夷人託足之地也。」〔註3〕

　　嘉慶二十二年，提督河南學政姚元之丁父憂，返家鄉安徽桐城，期間曾遊歷澳門，記錄曰：「廣東香山屬有地曰澳門，爲通夷舶之所。其地隔海，廣東人及客廣者多未至其地。余嘗往遊之。夷屋鱗次，蕃鬼雜沓，儼然一外國也。」〔註4〕其時，澳門已成爲了華洋雜處之漁村。

　　吳漁山《嶴中雜詠》（第五首）描寫了生活在澳門附近海域的中國南方水上居民疍戶：「海氣陰陰易晚天，漁舟相併起炊煙。雁飛地遠知難到，島月來宵十二圓。」（原注：疍人放舟捕魚，以海爲家，終歲不歸。）疍民們往往「晚堤收網樹頭腥，蠻疍群沽酒滿瓶。」這群漁民中亦包括居停澳門之西洋人。

　　「蠻」原爲中原士大夫對南方邊地的少數民族的貶稱，詩中「蠻疍」乃鄙薄西洋人之稱。同樣清人亦稱西方語言爲「蠻語」，乾隆五十二年，詩人李退齡遊澳門，時遇見一位西洋小童，與之親切交談，然其「蠻語況不習，欲譬舌箝閉。旁有航海客，爲我述備細。」〔註5〕其《嶴中雜詠》之二曰：「（澳門）地土縱橫五六里，隔水濠田甚瘠。居人不諳春耕，海上爲商。」描述了居停澳門的西洋人不事耕耘，依賴海上貿易爲生。

　　或曰「澳門」一詞最早出現在明嘉靖四十三年，廣東監察御史龐尚鵬《撫處濠鏡澳夷疏》：「查得遞年暹羅國並該國管下甘蒲□石、六坤洲與滿刺加、順搭、占城各國夷船，或灣泊新寧廣海、望峒，或新會奇潭，香山浪白、濠鏡澳、十字門，或東莞雞棲、屯門、虎頭門等處海澳，灣泊不一」。「濠鏡澳」亦即「澳門」。這些泊所在明嘉靖中期以前爲中外貿易互市之地，隨著濠鏡澳的興盛後皆廢棄。龐尚鵬爲保海隅治安致疏朝廷曰：「廣州南有香山縣，地當瀕海，由雍麥至濠鏡澳，計一日之程，有山對峙如門。曰南北臺，即澳門也。外環大海，接於牂牁，曰石峽海。乃番夷市舶交易之所。」〔註6〕

〔註3〕吳志良、湯開建、金國平主編：《澳門編年史》，第三卷，廣東人民出版社，2009年版，第1592頁。

〔註4〕吳志良、湯開建、金國平主編：《澳門編年史》，第三卷，第1387頁。

〔註5〕李退齡：《勺園詩鈔》，嘉慶十九年刊，卷一，第7頁。

〔註6〕龐尚鵬：《百可亭摘稿》卷1；亦見於劉芳輯、章文欽校：《清代澳門中文檔案彙編》上，澳門基金會出版，1999年版。

原來澳門位於海口鹹淡水交匯處，盛產牡蠣，即蠔，王兆鏞《澳門竹枝詞》云：「海魚不及江魚美，蝦醬奇腥不可嘗。獨有蠔油腴且雋，固應傳詠到溫張。」〔註7〕

清張甄陶《澳門圈記》云：「凡海中依山可避風，有淡水可汲者曰『澳』」。清代嶺南詩人鮑俊的《行香子》詞中，即描繪了「濠鏡」獨特的自然與人文景觀：「濠鏡波平，四面鐘聲。耶穌果，供香迎。簾垂粉壁，小鎮蓮莖，看海東西。樓高下，艇縱橫。颶母時鳴，百丈漸生。卷腥風，浪迫蛟鯨。沙關夕照，媽閣轉晴。愛蠟魚黃，銀是白，石螺青」。

詞人筆下的五個場景，構成了一幅奇特、宏偉、美妙，而富於詩情畫意的漁鎮圖：波光瀲灩，教堂鐘聲迴蕩，虔誠禮拜的濠鏡人；堂壁之「牆簾」，窗外之「蓮莖」交相輝映。詞中主人公倚高樓，簾外觀海，但見百舸待發，萬丈波濤驟湧。腥風惡浪之中，蛟鯨起舞；夕照下之沙關，神奇的「媽閣」，卻是萬里晴空；街市上布滿了魚蝦、石螺。這一幅情趣盎然的漁鎮景致，令詞人心曠神怡。

1.2 濠鏡之淵源及海域

湯彝《墨盾·澳門西番》曰：「其地周六里，三面環海，惟前山一徑出入。其南有四山離立，海水縱橫貫之成十字，曰十字門，今合稱澳門云。」〔註8〕明代著作中往往將「蠔鏡澳」稱為「香山澳」，或二者並提。

道光「香山縣志」之濠鏡澳全圖

〔註7〕王兆鏞：《澳門雜詩》第11頁。
〔註8〕吳志良等《澳門編年史》第3卷，廣東人民出版社，第1515頁。

「濠鏡」本作「蠔鏡」。據說因爲澳門半島東、西兩側各有環形海灣，(後經多次填海拓地，海岸線漸趨平直)，每當風平浪靜，月明之夜，海水泛著銀光，平滑如鏡，如同牡蠣外殼的內壁。澳門一帶盛產牡蠣，粵語稱「蠔」。蠔殼的內壁平滑光亮如鏡，故名「蠔鏡」。由於澳門北灣實際上只是一段河道，所以從濠鏡又引申出「濠江」之別名。其他如海鏡、鏡海、鏡湖等別名亦從「濠鏡」演變而來。其後「蠔」字被認爲較粗俗，遂改作「濠鏡」。

第一任澳門海防軍民同知印光任有「月出濠開鏡，清光一海天」之詩句，歌詠濠鏡月夜之清光。屈大均《廣東新語》卷二《澳門》條釋「澳」曰：「凡番船停泊，必以海濱之灣環者爲澳。澳者，舶口也。香山故有澳，名曰浪白，廣百餘里，諸番互市其中」。嘉靖間，諸番以浪白遼遠，重賄當事求濠鏡爲「澳」。故「澳」又被認爲是船隻停泊之海灣，亦如浪白澳、廣海澳、屯門澳與濠鏡澳等。澳門因是香山縣對外貿易的港口，故澳門亦別稱爲「香山澳」。

香山原百粵海嶼之地，島嶼星羅棋佈，溝通外洋。澳門則是香山縣南面一小島，原本孤懸海中，未與大陸相連。後西江堆積之泥沙，在澳門與大陸之間，沖積成一沙堤，遂將澳門與大陸相連，形成一半島。澳門西北部的青州，一百多年前也是個島嶼，不與澳門半島相連。後來葡人於 1889 年填海造堤，使與半島連接；加之泥沙淤積，遂成沙洲。

一千幾百年內，澳門地區雖然有人跡所及，但畢竟還只是舟船隨季候風寄泊之地。人們推測澳門半島之有大量華人定居，是在南宋皇朝傾覆之際。當幾十萬南宋軍民從福建敗退乘船長驅到達澳門一帶，有的可能踏上這片半島汲取淡水、尋找食物，有的更可能將這片荒僻地闢成藏身之所。澳門半島上名爲「永福古社」的沙梨頭土地廟，便相傳邑建於南宋末年。大約在南宋末年至元初，澳門半島上的望廈、濠鏡等地，已是定居的居民點了。

自此以後，澳門始稍有人煙，但由於地方小，耕地缺，物產少，立足生活繁衍後代並不容易。直至十六世紀中葉，即明世宗嘉靖年間，澳門仍然是荒涼一片，人煙稀薄，只有舟船寄泊。這一時期，東來尋夢的葡萄牙殖民主義者，覬覦澳門的優良地理位置，經常混跡其中。

1602 年刊印的《廣東通志》曰：「嘉靖三十二年，舶夷趨濠鏡者，託言舟觸風濤縫裂，水濕貢物，願借地晾曬。海道副使汪柏徇賄許之，僅蓬累數十間。後工商牟利者，始漸運磚瓦木石爲屋，若聚落然。自是諸澳俱廢，濠鏡

爲舶籔矣。」〔註9〕龐尙鵬在《區畫濠鏡保安隅疏》中提及：「每年夏秋之間，夷舶乘風而至，止二三艘而止，近增至二十餘艘，或又倍焉。往年俱泊浪白等澳，限隔海洋，水土甚惡，難於久駐，守澳官權令搭蓬棲息，殆舶出洋即撤去之。近數年來，始入濠鏡澳築室居住，不逾年多至數百區，今殆千區以上。」〔註10〕1557 年，葡萄牙人取得居住權，成爲首批進入中國的歐洲人。最初由果亞親王管轄，1623 年，葡萄牙政府委任馬士加路也爲首任澳門總督。

　　葡萄牙作爲殖民主義國家，冒險來到南亞和遠東的目的是爲了「發現」，即開拓殖民地。葡人一旦有機會涉足濠鏡，那麼「築室居住」也就是理所當然的事情了。1572 年葡萄牙開始定期向中國政府繳納地租，直至 1849 年鴉片戰爭後，葡人拒絕繳納地租爲止，夷商從島上「搭蓬棲息」到入澳門「築室居住」，歷時共二百七十七年。〔註11〕

　　1845 年 11 月 20 日，葡萄牙女王瑪麗亞悍然下令宣佈澳門爲「自由港」，不受中國管轄，並派亞馬勒爲澳門總督，指示其破壞中國對澳門行使主權。〔註12〕鴉片戰爭後，澳葡憑藉英國的支持，製造了 1849 年事件。此後，澳葡加快其殖民擴張的步伐，澳門的區域也隨之迅速拓展。據 1887 年兩廣總督張之洞計算，這期間，「計向澳門西北展出之地長約九里半，寬約二里半」。〔註13〕1890 年，香山知縣楊文駿報告說：「葡人所佔澳門一帶地方，現時情形東自九星洲洋面起，西至馬溜洲洋面止，計程約一十五里，南自過路環山腳起，北至關閘止，計程約二十五里，和周圍水陸地方平面計算共約三百七十餘里。」〔註14〕到這時，現代澳門的區域，便大體形成了。

　　在這漫長的歲月裏，明清兩代政府對澳門行使著有效的主權管轄，這種主權管轄由中央朝廷授權地方政府香山縣管理執行。廣東南海在籍紳士霍與瑕曾擬就處置澳門事宜向兩廣總督殷正茂提出建議。他認爲對濠鏡澳的處置，最好是「建城設官而縣治之」，亦即把葡人變成編戶，建設城池，設置官

〔註 9〕　轉引自《中國近代對外關係史資料選輯 1840～1949》，上海人民出版社，1977年。

〔註 10〕　參閱龍思泰：《早期澳門史》，東方出版社，1997 年版。

〔註 11〕　參見蒙塔爾托：《歷史上的澳門》（Montaltodejesus,historicmacao），第 41～42頁。

〔註 12〕　黃鴻釗：《澳門史》，「附錄一，大事年表」，第 601 頁。

〔註 13〕　《清季外交史料》卷 73，第 6～14 頁。

〔註 14〕　楊文駿：《查核澳門新舊租界情形節略》，轉引自屬式金：《香山縣志續編》卷6，《海防》。

吏，用漢法來約束他們。基於這一指導思想，明朝採納了允葡居澳，加強管理的方針，在澳門設有提調、備倭、巡緝行署，這些官員統稱「守澳官」。提調、備倭、巡緝是明代鎮戍地方的下級武官。「提調」負責查驗外商船舶進出口、徵收船鈔、貨稅；「備倭」掌管海盜、倭寇的緝捕；「巡緝」負責巡查緝捕走私等事，屬香山巡檢司。這些守澳官具有軍事鎮守和海防、治安之責。澳門所在的珠江三角洲地區的南端，海島遍佈，島上海岸沙堤內側，背山面海，有古瀉湖與淡水河。這種環境，十分宜於古先民生活。廣闊的海灘塗，衍生著豐富的海洋生物。位於珠江口西岸的澳門，鹹水與淡水相交，利於多種魚蝦生長。這裡的亞熱帶海洋性氣候，溫暖濕潤，島上草木叢生，四季長青，有著豐富的動植物資源。這一自然條件，決定了澳門先民以漁獵和采集爲主之經濟類型。

二、半島漁村經濟形態

1.3 澳門漁業經濟體系

澳門地處珠江水域，周圍淺海漁業資源豐富。附近深海區廣闊，海岸水靜灣圓，漁民出海作業十分便利。從周圍大陸架水域可以撈到一百五十種以上有商業價值的海魚、有殼海產動物和軟體動物。主要有紅衫魚、竹莢魚、九棍、大眼魚、馬友、黃花、鱸魚、石斑、鮫魚、鱠魚及魷魚等。漁場作業區分爲珠江灣沿岸的鹹水淺海區，和距澳門較遠的南中國海域的深海區。

據八十年代中期有關資料統計，全澳門有一千多艘漁船蝦艇，還有六十家魚棟、六家冰廠，四十多家造漁船廠，七家漁船修理廠，四十家漁船機器安裝修理工場以及十二、三家山貨船具商店，和三家航海儀器商店，組成一個漁業經濟體系。〔註15〕澳門每天雜魚蝦的上市量占全澳市場供應量的九成以上。成爲了澳門居民不可或缺的肉類食品的主要來源。

1887年8月29日《粵督張之洞奏澳界輳輨太多澳約宜緩定摺》中所載之漁業情報曰：「潭（氹）仔居民約二百戶，漁船極多，丁口四千餘。過路環居民約百戶，丁口二千餘。潭（氹）仔鋪戶、船廠六十餘家，居民篷屋一百餘家，壯丁二三千人。過路環鋪戶、船廠四十餘家，民居百餘家。又潭（氹）仔、過路環約有拖船八百餘隻……又小輪渡船兩隻。」〔註16〕到1921年，澳

〔註15〕王文祥主編：《港澳守則》，中國展望出版社，1991年版。第542頁。

〔註16〕王彥威、王亮：《清季外交史料》，卷73，第6頁。轉引自黃啓臣：《澳門通史》，廣東教育出版社，1999年版。

門漁民達六萬餘人，占澳門總人口的 71%，漁業在澳門經濟中之地位可見一斑。

蠔鏡漁民主要靠割蠔、捕魚爲生。蠔，又名牡蠣。肉鮮味美，被廣東人視爲佳餚。以蠔汁煎製的蠔油，是廣東的特產。此外，蠔殼煆成白灰，可作建築材料。魚和鮮蠔之外，蠔鏡海域亦盛產蝦、蟹、貝、藻以及海獸數十種。

澳門魚欄是漁獲的代理商。澳門漁民的漁獲，大部分經由魚欄出售。1985年，全澳有魚欄約六十家。按其經營方式可分爲三類：一類是收購澳門漁船的漁獲，大約有三十多家，集中於西環、下環海邊街，其中塘魚欄十多家。海魚欄二十多家。第二類主要是經營中國內地漁獲輸入澳門的業務，大約有十家；第三類是專門收購乾海產，約有十餘家。澳門市場對魚蝦需求量不大，漁船所獲之魚一半以上供出口。經過魚欄處理的海魚在本澳市場上出售的約占 40%，其餘 60% 加工急凍出口；蝦類供應澳門的也只有三成，其餘皆出口。魚欄爲代理漁獲，往往需要貸款給漁民，扶助漁業發展，而且貸款通常不計利息。

澳門的造船業亦較發達。據有關資料統計，本世紀 20～30 年代，全澳門共有造船廠三十多家，大的船廠有和記號、明生號、大節號、生隆號、泰益號、大信號等。最古老的和記號創辦於 1877 年，船廠多集中在澳門半島西北岸沿海的提督馬路一帶，以造漁船爲主。大小不一，大者可造花尾船、蝦罾及商船、駁艇之類，小者造舢板、陽江艇、造船廠利潤可觀，計每廠每年可獲利約二十多萬元。〔註 17〕

1.4 考古實證之古島漁村

早在新石器時代，中華民族的祖先已在蠔鏡周圍的地區勞動、生息。據二十世紀八十年代考古發掘，〔註 18〕在距蠔鏡不遠的唐家、金鼎、香洲、南屏、灣仔、前山、南水等地，都發現距今五六千年的沙丘遺址。出土了石斧、石錛等生產工具；陶罐、陶簋、陶豆等生活用具。特別是路環島黑沙發掘出土的彩陶，經「碳 14」鑒定，證實是公元前 4960～4430 時的珍貴古文物。〔註 19〕從公元前三世紀秦統一中國始，香山蠔鏡之地正式繪入中國版圖，成了南海郡番禺縣的轄區。到北宋時期，這一南國海隅進一步受到中原人士的關注。

〔註 17〕參見：何大章、繆鴻基《澳門地理》第 71～74 頁。
〔註 18〕參見黃鴻釗：《澳門史》第 582 頁，附錄一：「1985 年，路環島黑沙發現距今5000 年的新石器遺址」。
〔註 19〕參見：《澳門日報》，1985 年 7 月 9 日。

澳門新石器時代的文化遺址，出土了大量石器、彩陶與夾砂陶等器物，顯現出海港文化之鮮明特色。其中石器包括：石英、石芯、溝礪石和打製礫石工具，以及火成岩石片。出土之彩陶上，主要爲紅陶，亦間有若干白陶，陶片上著紅彩刻畫痕，以及鏤孔、繩紋、網墜等。在出土的 5000 多片彩陶上，鐫刻著席紋、條紋與多種編織紋。所有的陶片紋飾皆呈波浪紋與水滴紋。〔註20〕這是漁港文化之特徵。

據考古發掘，香山南部海島多處古文化遺址與澳門古代新石器文化遺址特徵完全相同。根據澳門附近的七處遺址：淇澳島後沙灣遺址、東澳灣遺址、三竈草堂灣遺址、前山南沙灣遺址、香洲菱角咀遺址、平沙堂下環遺址、和水井口遺址等。這些遺址都是古沙丘遺址，地理環境、出土文物、文化特徵均相同，屬於同一文化系統，皆爲漁獵文化。

在澳門半島及路環和氹仔島，發現的古沙丘遺址，出土的不少與海及漁業有關的文物表明，香山古代先民在與大自然作鬥爭的過程中，已經懂得舟楫之利。他們選擇依山面海、避風僻浪，有淡水，有舄湖或淺灘的海灣，從事漁獵活動和采集植物根果，在這塊山海交融的地方繁衍生息，薪火相傳。

1.5 澳門，葡萄牙殖民統治的見證

澳門包括澳門半島、氹仔島和路環島，自古以來即爲中國之領土，16 世紀中葉以後被葡萄牙逐步佔領。《明史·佛郎機傳》：「先是，暹羅、占城、爪哇、琉球、浡泥諸國互市，俱在廣州，設市舶司領之。正德時，移於高州之電白縣。嘉靖十四年，指揮黃慶納賄，請於上官，移之濠鏡，歲輸課二萬金，佛郎機遂得混入。高棟飛甍，櫛比相望，閩、粵商人趨之若鶩。久之，其來益眾。諸國人畏而避之，遂專爲所據。」〔註21〕

葡萄牙的殖民擴張，一方面憑藉巨舶大炮，另一方面打著「求市」旗號。掌管海外諸蕃朝貢市易的市舶提舉司，關心的是「徵私貨，平交易」，所謂「夷人入貢，附至貨物照例抽盤，其餘蕃商私齎貨物至者，守澳官驗實申海道，聞於撫按衙門，始放入澳，候委官封籍，抽其十之二，乃聽貿易。」在「中外搖手不敢言海禁事」的大氣候下，夷商接踵而至，竊據澳門。

〔註20〕陳振忠：《珠澳史前文化及其共同性》，《東南文化》1998 年第 2 期，第 115～116 頁。
〔註21〕轉引自《中國近代對外關係史資料選輯 1840～1949》，上海人民出版社，1977 年。

　　1840 年鴉片戰爭爆發，葡人趁機悄悄在界牆以北地區編號豎界，勒收地租，後遭中國查禁。1845 年，葡女王瑪麗亞二世宣佈澳門為自由港，任命海軍上校亞馬留為澳門總督，要求絕對奪取澳門主權。清政府在葡人威脅下，逐漸放棄了對澳門的主權。

　　1851 年和 1864 年葡萄牙人先後強佔了氹仔島和路環島。1883 年，葡萄牙再佔領望廈、青洲。1887 年 12 月 1 日，葡萄牙在英國的支持下，強迫清政府與之在北京簽署了《中葡會議草約》和《中葡和好通商條約》。條約同意葡萄牙永遠居住並管理澳門，未經中國首肯，葡不得將澳門讓與他國。規定「葡國永駐管理澳門以及屬澳之地與葡區治理它處無異」。這樣，清政府實際上正式承認了葡萄牙佔領澳門的事實。1896 年，葡萄牙企圖再佔領附近的大小橫琴島，但不成功。1908 年，葡萄牙要求展界，並劃定澳門的界址。

　　1999 年 12 月 20 日，澳門翻開了歷史上新的一頁。中國政府正式恢復對澳門行使主權。澳門回歸，宣告了中國人民結束了長達四個多世紀的夢魘，徹底洗刷了中華民族的歷史恥辱。

第二章　澳門，貿易全球化的中轉港

一、澳門，貿易全球化的橋樑

　　在中國的版圖上，澳門背倚廣袤的珠江三角洲，與大陸似斷還連；其東隔伶仃洋與香港攜為犄角之勢，拱衛於珠江口西岸；其南則環視浩瀚無際的南洋，與菲律賓、越南、馬來西亞、新加坡、印尼、汶萊等東南亞國家隔洋相望。在南海海域，澳門恰居東南亞至東北亞的海上中繼點，加之在澳門半島的東西兩側有天然形成的內、外港灣，遂使澳門成為來往商船理想的補給站和商旅的最佳避風港。由於地理位置和地貌環境的優勢，至十六、十七世紀，

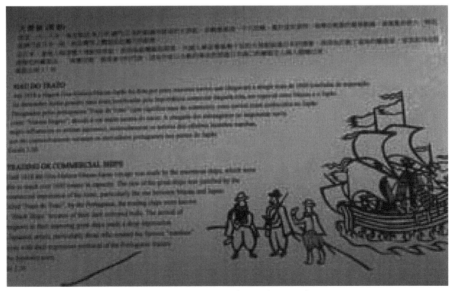

圖片來源：田若虹攝於澳門海事館

　　這裡已是商賈雲集，蕃夷咸至，貿易昌隆，澳門已然成為東西方貿易的重要港口，並由此演繹了四百年澳門多元文化發展的歷史。使澳門躍升為中西文化融合、交流的門戶，同時也塑造了澳門本身獨特的城市人文景觀。

　　1498 年，葡人瓦斯科・伽瑪繞過好望角抵達印度，溝通了東西方貿易之航路。這次遠征，歷時兩年多，行程 37500 公里，葡萄牙與東方的聯繫正式建立。《印度傳奇》載，瓦斯科・伽瑪從印度帶回給王室大量的禮物，其中多件是在印度古里購買的中國瓷器，深得王后賞識，這更刺激了曼努埃爾一世國王從海路發現中國的強大願望。〔註1〕

　　十年後，葡人又把貿易航線擴展到中國南海地區。從 1517 年至 1553 年間，葡人曾分別在粵閩浙沿海的屯門、浪白、上川、月港、浯嶼、走馬溪、雙嶼港等地居留貿易，但這些都只是短暫居留，由於沒有得到清朝政府的允許，最終都被趕走了。1553 年，葡人賄賂關東海道副使汪柏，獲准進入澳門貿易，其後又交地租納商稅，遂得以在澳門長期居留下去。於是，在當時特定的歷史條件下，澳門成為中國古代第一個對外開放的貿易特區。與此同時，澳門在葡萄牙人的經營下，成為舉世聞名的國際貿易港口。〔註2〕

　　萬曆初年（1573 年），葡萄牙人完全入據澳門，並壟斷了澳門海外貿易，對中國傳統海外貿易發生了深遠的影響，中國與周邊國家以傳統貢舶貿易為重心的、以物易物為主要形式的對外貿易急劇衰落，為新崛起的、具有全球性的歐洲殖民商業貿易所替代，揭開了中國對外貿易轉向受西方支配的具有壟斷性的商業資本的一頁。十六世紀八十年代，澳門進入迅速繁榮的黃金時期，成為溝通東西方經濟的重要國際商埠，開闢了著名的海上絲綢之路，建立了「澳門——果阿——里斯本」、「澳門——長崎」和「澳門——馬尼拉——墨西哥」三條充滿活力的貿易航線。葡萄牙人使用載重 600～1600 噸的遠洋帆船，每年將中國的生絲、綢緞、棉布、織品、黃金、礦產、瓷器、藥材等運往世界各地，又將香料、象牙等運到澳門轉入中國內地。

　　從澳門開埠到香港崛起的三百年間，澳門一直是遠東最繁盛的商港之一，曾經一度壟斷了中國同西方的海路貿易，成為廣州對外貿易的外港、

〔註1〕吳志良、湯開建、金國平主編：《澳門編年史》，第 1 卷，廣東人民出版社，2009 年版，第 6 頁。

〔註2〕矢野仁一：《論明代澳門的貿易及其繁榮》，《史林》，第 3 卷，第 4 期，大正 7 年（1918）第 2 頁。

中西方貿易的第一個中繼港，掌握著中國同日本及南洋各地的通商往來。中美間的貿易交往，初期亦經澳門溝通。美國第一艘開進中國的商船「中國皇后號」，也是經澳門進入廣州的。與此同時澳門亦大力拓展同歐洲、美洲的貿易，成爲了中國對外貿易的一個重要中轉站。這種經濟繁榮維持了半個世紀。

康熙十七年，葡王阿爾豐索六世派使者白勒拉到清廷交涉，要求建立正常的貿易關係。清政府遂於十九年（1680）開放從香山到關閘的陸路貿易。吳漁山《墺中雜詠》第十八首即反映了當時貿易的情景：「小西船到客先聞，就買胡椒鬧夕曛。十日縱橫擁沙路，擔夫黑白一群群。」〔註3〕詩中「小西」，即「小西洋」，指當時印度西海岸的葡萄牙殖民地果阿、第烏一帶，澳門的葡船常到這一帶貿易。

圖片來源：田若虹攝於澳門海事館

康熙二十三年五月，欽差大臣石柱在兩廣總督吳興祚的陪同下巡視澳門，吳興祚留下《抵香山舍舟從陸經翠微村、前山寨、關閘口至濠鏡墺遍觀炮臺及諸形勝薄暮留宿》長詩一首。其中有「嶺外雲深抹翠微，翠微村外落花飛。負販紛紛多估客，辛苦言從澳里歸」〔註4〕的詩句。反映當時澳門貿易繁榮之景象。

明末澳門的海外貿易漸趨衰落，清初海禁時期，與內地的貿易被視爲非法，只能維持小規模的走私貿易。

澳門對外貿易雖然多屬轉口性質，但也有滿足本地所需的一定數量的生活及生產資料的進到中國內地和出口到日本、菲律賓、印度及歐洲各國。

除了一般商品之外，葡商還通過從事非法的人口販運和鴉片走私貿易獲取豐厚利潤。至明萬曆四十一年開始，葡人就在澳門拐賣人口，清朝期間，葡人以「招公館」的商號，在中國內地「招工」，然後集中到澳門轉手販運到海外各地。葡萄牙人最初亦幾乎是唯一向中國輸出鴉片的出口商。

〔註3〕章文欽：《澳門歷史文化》，中華書局，1999年版，第375頁。
〔註4〕吳興祚：《留村詩鈔》，（不分卷），第42頁。

2.1 香山濠鏡通蕃貿易

在十六世紀葡萄牙人進駐澳門之前，這裡實際上已是中國對外貿易的一個港口。東南亞、琉球群島等地區的居民在每年的季風期間乘船抵澳進行貿易。明代正德年間，已有阿拉伯商人在此進行商貿活動。十六世紀中葉，葡萄牙人來澳以後，澳門才真正開啓了近代歷史的片頭。明代正德十年（1515），葡人便對中國進行貿易試探，葡人科莎利斯給麥迪奇的信中稱：「……客歲有葡人航海至中國，其國官吏禁止上岸，謂許外人入居其國，違背風俗常例，但諸商人皆得售出貨物，獲大利而歸……」〔註5〕後隨著海洋形勢的變化，明代澳門「因水淺不能行」粵南頭遂取代之成爲粵省海防的門戶與中樞。萬曆十四年，兩廣總督吳文華說：「南頭爲全廣門戶，控制蠻倭，請以總兵移鎮，蓋番船固可直達澳門，而由澳門至省，則水淺不能行，必須由大嶼山經南頭直入虎頭門，以抵於珠江。」〔註6〕

明代嘉靖《香山縣志》，曾多處記載香山的海舶貿易情況，如曰：

九星洲山九峰分峙，多石岩、石屋，靈草石上溜水甚美，爲番舶往來所吸，曰天塘水。〔註7〕

又曰：

小橫琴山下有雙水坑，大橫琴山幽峻，爲寇所伏；深井山即仙女澳也，亦名井澳，在橫琴下；三竈山三石似名，與橫琴相對，皆抵南番大洋，元末海寇劉進所據。明初寇平，後居民吳進深通番爲亂，洪武二十六年平定。〔註8〕

曰：

九澳山上，東南面對橫琴中水，曰外十字門，其民皆島夷也」。「烏沙海在三竈東。成化中，番舶侵擾，歲令官軍千人防之」。「洪武二十四年，廣東指揮花茂上言：廣州地方，若東莞、香山等縣，逋逃蛋戶附居海島，遇官軍則稱捕魚，遇番賊則同爲寇，出沒劫掠，殊難管轄」。

〔註9〕

〔註5〕張星烺：《中西交通史料彙篇》，上海書店，1930年版。

〔註6〕王崇熙等纂：《新安縣志》卷十二《海防略》，嘉慶二十五年刊本。

〔註7〕黃佐：《香山縣志》，明嘉靖刻本，卷一，「風土志」，卷八雜誌。引自黃鴻釗：《澳門海洋文化的若干問題》。

〔註8〕同上。

〔註9〕同上。

　　上述通蕃記載表明，至遲在元末或明初洪武年產間，香山之海外貿易已經十分活躍。但多爲違反政府禁令的走私活動，並往往與海盜行爲相結合。因此常常遭到當局的嚴厲控制和打擊。通蕃貿易的優厚利潤，誘使香山人趨之若鶩，無法禁絕。

　　萬曆四十一年，海道副使喻安性和香山縣令但啓元巡視澳門後，針對葡人的違法行爲制訂了《海道禁約》。後經兩廣總督張鳴崗等修訂補充後刻成石碑，立於議事亭中，令葡人永爲遵守。其主要內容爲禁畜養倭奴、禁收買人口、禁兵船騙餉、禁接買私貨、禁擅自建屋等。《海道禁約》的頒佈，標誌著明清時代中國政府對澳門的管治開始制度化。

　　通蕃的島澳當時通稱爲香山澳，它們可分爲兩個海區，一個是由九澳、大小橫琴、九星洲等組成的澳門海區；另一個是由三竈山、烏沙海等組成的浪白海區。刻於 1602 年，詳述蠔鏡開埠顛末的萬曆《廣東通志》指出，「夷船停泊皆澤海濱地之灣環者爲澳，先民率無定居，若新寧則廣海、望垌、香山則浪白、蠔鏡澳、十字門，東莞則虎頭門、屯門、雞恓。」〔註10〕此時，來華貿易的大多是「私齎貨物入爲易市」的普通「番商」。廣東官府爲了增加稅收，不管「貢舶」、「私舶」，一概允許入澳貿易。廣州地區沿海的舶口有：新寧縣的廣海、望垌、奇潭；香山縣的浪白、濠鏡、十字門；東莞縣的虎頭門、屯門、雞棲等。「十字門」，其因澳門南面有舵尾、雞頸、橫琴、九澳四山雜立，海水縱橫成十字而得名。「濠鏡」和「十字門」後來合稱爲澳門。

　　清人陳恭尹《厓門謁三忠祠》中的名句「海水有門分上下，江山無地限華夷」。狀寫波濤滾滾、橫無際涯之大海，尚且於海港入口處有上、下海門之別，而被異族佔領的錦繡河山，卻無華、夷之界。此句被認爲影射澳門之南有上十字門和下十字門。澳地自明末以來呈華「夷」雜處的局面。作者感於澳境而移情於厓門，藉以抒發亡國之痛。

　　澳門由於地理位置的原因，比較浪白更便於聯繫縣城和省城，所以後來不但成爲香山縣的主要舶口，也成了廣東乃至全國的主要對外貿易港口。

2.2 外國貢方物附舶

　　澳門在通蕃貿易的同時，也是外國朝貢的一條主要貢道。正德十二年 6 月，因缺乏上貢香料（主要爲龍誕香）及廣東軍餉，廣東左布政使吳廷舉首

〔註10〕郭棐纂修《廣東通志》，萬曆三十年刻本，卷69，第72頁。

倡立番舶進貢交易之法。〔註11〕嘉靖《香山縣志》載：「時外物貢方物自香山入京，典其事者失封緘。朝廷遣御史按問。事連豫，其子啓願以身代，邑民皇皇，恐豫得重罰。會赦獲免，民大喜迎以歸。坐是不得遷。」〔註12〕這一事件發生於14世紀末。它雖然沒有說明外國貢船停泊在香山何處，但從港口條件來看，貢船很可能就是停泊在澳門海區。

清人尤侗有一首外國竹枝詞《默德那》，可爲之佐證：

香山濠鏡辯光芒，妙女兒干進秘方。

最是同儕多意氣，鄭莊千里不齋糧。

尤侗在「題記」中曰：「回回識寶附舶，香山濠鏡澳貿易，正德中進女你兒干、于永獻房中秘方。」〔註13〕明武宗正德年間（1506～1521年），即有阿拉伯國家的貢船停泊澳門，並向北京派出貢使。尤侗是清代人，其所寫之明武宗的生活逸事是有根據的。武宗荒淫無恥，築密室「豹房」淫樂。于永、女你兒干等亦確有其人。《明武宗外記》及《明史》中都有關於錦衣衛都督同知于永善陰道秘術，遂召入豹房……回回進女你兒干之記載。事皆信而有徵。

明初，澳門對於外國來華進貢的國家都是不征稅的，但由於許多外國商人借進貢之名，附帶大批貨物來華貿易，以獲取巨額利潤，故自明中葉起，澳門港開始對非進貢國家私商貿易實行「抽分」制。戴源《廣東通志初稿》載：「我朝互市，立市舶提舉司以主諸番入貢，……若國王、王妃、陪臣等附至貨物，抽其十之五入官，其餘官給之直。暹維、爪哇二國免抽，其番商私齎貨物入爲市易者，舟至水次，官悉封籍之，抽其十二，乃聽貿易」〔註14〕。1565年，葉權在其《遊嶺南記》中記錄了澳門「抽分官」一職：「今數千夷團聚一澳，……守澳武職及抽分官，但以美言獎誘之」。〔註15〕「抽分官」，即對外商征稅的官員。

〔註11〕吳志良、湯開建、金國平主編：《澳門編年史》，第1卷，廣東人民出版社，2009年版，第26頁。

〔註12〕黃佐：《香山縣志》，明嘉靖刻本，卷5，「官師」。又《康熙香山縣志》卷5，《宦績志‧彭豫》。

〔註13〕尤侗：《西堂詩集》，《西戎‧默德那》。于永、女你兒干等史上確有其人。《明史》中有於永獻房中秘方的記載：「（錢甯）自稱皇庶子，引樂工臧賢，回回人于永，及番僧以秘戲進，請於禁内建豹房新寺，恣聲伎爲樂。」見毛奇齡：《明武宗外紀》，上海：神州國光社，1941年，第13～14頁。又《明史》，卷307，第8636頁。

〔註14〕戴源：《廣東通志初稿》，廣東地方志辦公室，2003年影印版。

〔註15〕吳志良、湯開建、金國平主編：《澳門編年史》，第1卷，第138頁。

1514 年，葡人皮來資根據喬治‧阿爾瓦利斯來中國考察所得資料著《東方記》一書，提到：「除廣州港口之外，另有一港名濠鏡，陸行三日程，海行一日一夜。」〔註 16〕這說明，阿爾瓦利斯很可能到過澳門，或在中國沿海活動時，聞悉澳門港口。

2.3 廣州諸舶口，最是澳門雄

澳門蕞爾之地，一度是遠東最重要的貿易港口，屈大均《澳門》詩稱：「廣州諸舶口，最是澳門雄」〔註 17〕。此地曾「十字門中擁異貨，蓮花座裏堆奇珍」。澳門作為東西方貿易最大的中轉港和貿易中心，可溯自十六世紀中葉的帆船時代。史料證明，從明朝萬曆二十四年到崇禎七年，由菲律賓馬尼拉運入澳門的白銀為 2025 萬比索，占這期間從墨西哥輸入馬尼拉白銀 2645 萬比索的 77%，占這期間從馬尼拉輸入中國白銀 2560 萬比索的 79%。這就說明，明末從墨西哥運往馬尼拉的白銀大部分是轉輸入中國的，而轉輸入中國的白銀，基本上又是從澳門輸入的。顯而易見，明末澳門、馬尼拉之間貿易之發達。

葡萄牙著名史學家吉薩斯曾對這一貿易過程作過詳細的描述：「歐洲與東洋的貿易，全歸我國獨佔。我們每年以大帆船與圓形船結成艦隊而航行至里斯本，滿載上毛織物、緋衣、玻璃精製品、英國及富朗德爾出的鐘錶以及葡萄牙的葡萄酒而到各地的海港上換取其他的物品。船從果阿航行到愛琴得到香料與寶石，又從愛琴至麻六甲，更得到香料與宋大島的白檀。其次，再把此等物品，在澳門換取絹加入為船貨。最後，又把以上的貨物到日本換取金銀塊，可得到投下資本的二三倍利潤。然後，再在澳門滯留數日，則又可滿載金、絹、麝香、珍珠、象牙精製品、細工木器、漆器以及陶器而返回歐洲。」〔註 18〕

清康熙年間，澳門的陸地貿易開放，以今拱北關閘界口為交易市場，中葡商人販運貨物到此交易互通有無。鴉片戰爭後，香山地區中外貿易更加頻繁，許多進出口商品都在香山當地隨行就市，見貨議價，就地成交，然後由錢莊結算帳目。當時外貿入口主要有海味雜貨，化肥、藥品、煙葉、鴉片、煤油、火柴、布匹、棉針織品和機械工具、銅鐵器皿；出口貨物以生豬、家畜、蛋品、塘魚、生蠔、蠔油、乾蠔豉、蝦蟹、蝦羔、穀米、果菜、蠶絲、

〔註 16〕戴裔煊：《明史佛郎機傳箋證》，北京：中國社會科學出版社，1984 年，第 53 頁。
〔註 17〕吳志良、湯開建、金國平主編：《澳門編年史》，第 2 卷，第 567 頁。
〔註 18〕參見：《人民日報（海外版）》，2002 年 12 月 30 日。

夏布等為主，外匯歲入約 800 萬兩。後來，縣城石岐出現了代理外國產品的商號，計有合誠號、怡昌洋行、光記公司、和記公司等，代理美英亞細亞、美孚、德士古的汽油、煤油、柴油、機油、凡士林、白蠟、瀝青等產品的銷售。還有其他商號代理銷售外國藥品、士敏土（即水泥）洋麵粉、奢侈品，甚至鴉片煙。港澳兩地也從香山大量購買白米、塘魚、生豬、白酒、果菜等生活品，每天數以十萬公斤計，還轉口大量中藥材到世界各地。〔註19〕

　　十七世紀前後，亦即十八世紀六十年代蒸汽機革命之前，澳門作為中外商品集散地，促進了中國乃至世界經濟的發展。

　　由於蒸汽機的發明，航海交通史上發生了翻天覆地的變化，由帆船時代進入了機船時代。位於廣東珠江下游的澳門港，長期以來受西江泥沙沖積的威脅，海港日淺，根本無法接納巨輪大舶的停靠。加之近在咫尺的香港開埠，澳門海運中心的優勢便逐漸被香港所替代。

2.4 澳門大三角貿易航線

　　十六世紀至十九世紀中葉（1553～1840 年），澳門作為中西貿易的橋樑，率先引領了中國與世界各國的政治、經貿、思想、文化、宗教、文學藝術的互動、交融與滲透，成為帆船時代最富魅力的黃金港口。其在中西交往關係史，中西方文化交流史，與可持續發展之研究中，顯現了無可撼動之地位。澳門海上貿易是一種多國國際性貿易體系，荷蘭、西班牙、法國亦涉足其中。

　　明正德十二年（1517 年）葡萄牙國王曼努埃爾一世遣使臣托梅皮雷斯（Tome Pires）抵達廣州，之後歐洲、美洲與中國的直接貿易從無到有，1557 年

圖片來源：田若虹攝於澳門海事館

以後，澳門則成為其橋頭堡。從此濠江商潮湧動，以後的幾個世紀裏，澳門在中國的海上貿易史上譜寫了無盡的華章。

〔註19〕李國瑞：《岐海商濤》，中山文史第 30 輯，第 100 頁。

從 1578 年起，葡萄牙獲准像朝貢國一樣進入廣州貿易，據統計，從這一年起，葡人為在廣州進行貿易，用於賄賂廣東官員的費用每年達 4000 兩白銀之多。據利瑪竇《中國札記》記載，葡人在廣州的行動受到種種限制：「他們必須晚間呆在他們的船上，白天允許他們在城內的街上進行貿易。然而這是在許多的守衛和戒備之下進行的。」〔註 20〕由於賄賂之舉，葡人在中國的貿易享受特惠待遇。在進入廣州貿易繳納應交的貨稅時，葡人一艘滿載 200 噸貨物的商船，首次只要繳納噸稅銀 1800 兩，之後再來，只需繳納此數的三分之一，即 600 兩。而其他國家同一噸位的商船第一次要繳納 5400 兩，此後再來時，其商稅不變。葡萄牙護航的軍艦不用交噸稅，而其他國家的軍艦必須繳。〔註 21〕其他國家的商船在中國沿海失事，中國搭救之後，往往要向中國繳納一定的營救費，而葡萄牙商船則可享受無償救援，送回澳門的待遇。由於享有中國政府給予的特惠待遇，葡人進入澳門之後，壟斷了中國對外貿易達一個世紀之久。據廣東御史龐尚鵬 1564 年奏疏說，葡萄牙人日：「與華人相接濟，歲規厚利，所獲不貲，故舉國而來，負老攜幼，更相接踵，今築室又不知其幾許，而夷眾怠萬人矣。」〔註 22〕

至萬曆六年開始，葡萄牙人駕駛著 200～600 噸，甚至 800 噸的貨船，運來歐洲的毛織品，印度的龍誕香、珊瑚和象牙，東印度群島的檀香木、白銀、香料等，尤其是他們經常運來的大量胡椒。這一年，安南北方莫朝派出使團到澳門，邀請葡萄牙傳教士前往傳教。澳門有一艘葡萄牙大黑船赴長崎貿易，運去生絲 1600 擔。〔註 23〕

人們在提到葡萄牙在東方的貿易活動時，通常稱之為果阿——澳門——長崎三角貿易。澳門自 1553 年，葡萄牙人進入和租居之後，迅速開闢了澳門——果阿（Goa）——里斯本；澳門——馬尼拉——墨西哥，澳門——長崎三條國際貿易航線，澳門成為了聯絡歐、亞、非、美四大洲海上貿易航線的中樞港，展開了全球性的大三角貿易。此時，葡萄牙、西班牙、荷蘭等早期西方資本主義國家的商人們紛紛聚集於此，從事貿易與經商。西方政客、傳教士們也不斷來此布道、傳教，西方文明蜂擁而至。與此同時，中國古代文明亦隨著傳教士的腳跡，在西方異域撩開了中西關係及文化交流史之序幕。

〔註 20〕利瑪竇：《中國札記》，第 144 頁。
〔註 21〕黃鴻釗：《中國史綱要》，第 113 頁。
〔註 22〕印光任、張汝霖：《澳門紀略》，《官守稿·區劃蠔鏡保安海隅疏》。
〔註 23〕吳志良、湯開建、金國平主編：《澳門編年史》，第 1 卷，第 176 頁。

　　澳門——果阿——里斯本航線，這是葡萄牙人控制下的最重要的主航線。印度的果阿是葡萄牙東方貿易的總樞紐，澳門則是葡萄牙人在中國的遠東的貿易基地。澳葡與果阿殖民當局之間無論在政治上或經濟上都有一種從屬關係。澳門與果阿在經濟貿易關係方面是歷史上葡萄牙構築的海上貿易大航線的重要城市。但澳門本身不過是個轉運港口，所謂澳門與果阿間的貿易，實質上是中國和遠東地區與果阿與南洋地區的貿易。

　　自從葡萄牙殖民者於 1510 年佔領印度果阿後，爲加強東方航線的管理，在果阿特設葡印總督，果阿成爲葡萄牙在東方殖民地的總部，也成爲葡萄牙在東方貿易航線上的總樞紐，澳門亦受其管轄。里斯本是葡萄牙首都，澳門自里斯本全程約 11890 海里。澳門經果阿運往歐洲的中國商品，主要是中國的生絲、絲綢、瓷器、藥材等。〔註24〕中國精美的絲綢和瓷器走俏歐洲，銷量大且利潤極高，生絲的利潤可達到投入資本的 150% 左右，瓷器可達 100～200%。〔註25〕這些商品到達里斯本後，再分散到歐洲各國出售。1585～1591 年間，曾遊歷東印度的英國旅行家拉爾夫·菲奇稱，葡人又自果阿運銀至澳門，每年約達 20 萬克魯紮多，以便用來在廣州購買貨物。〔註26〕籍此，葡萄牙人「在一個多世紀的時期中。獨自享有許多亞洲港口與里斯本之間的通商利益」。

　　澳門——馬尼拉——墨西哥航線，馬尼拉是菲律賓的首都，也是全國最大的港口城市。它地處菲律賓群島中最大的島嶼——呂宋島西岸。同菲律賓的馬尼拉的貿易也是澳門對外貿易的一個重要方面。自西班牙 1565 年佔領菲律賓後，馬尼拉成爲西屬菲律賓對外貿易中心。它是西班牙人用墨西哥銀元與中國進行絲的交易的場所。澳葡力圖壟斷馬尼拉的中國絲市場，百般阻擾西班牙商人直接同中國貿易。

　　中國與菲律賓的貿易時斷時續。葡萄牙人及時利用葡萄牙與荷蘭的休戰協議，躋身這條貿易航線。從 1619 年以後的十多年間，葡人幾乎壟斷了

〔註24〕據記載，葡萄牙大商帆每年從澳門運送果阿的中國貨物有：粗白絲 1000 擔，黑金 3～4 擔，銅 500～600 擔，麝香 6～7 擔子，水銀 100 擔，朱砂 500 擔，白糖 200～300 擔，木材 2000 擔，手鐲 2000 對，這些貨物在果阿銷售，利潤可達 100%～150%。參見：C.R.Boxer, The Great Ship From Amacon, Libon 1959 年，第 181 頁。轉引自何芳川：《澳門與葡萄牙大帆船——葡萄牙與近代早期太平洋貿易網的形成》，北京大學出版社，1996 年版。

〔註25〕〔瑞典〕龍斯泰著，吳義雄等譯，《早期澳門史》（北京：東方出版社，1997 年），頁 100。

〔註26〕吳志良、湯開建、金國平主編：《澳門編年史》，第 1 卷，第 243 頁。

中菲的貿易航線。清人印光任、張汝霖載：「歲與呂宋入粵互市。有呂武月勞者、尤黠慧，往來澳門，……人呼爲呂大班，營賣（債）取息，獲利累鉅萬。」〔註27〕

　　澳門——長崎航線。在 1578 年至 1640 年澳葡對外貿易的黃金時期，澳葡與日本長崎間的貿易佔有十分重要的地位。澳門與日本的貿易始於 1555 年。到了 1569 年，長崎成爲澳葡在日本的貿易基地。〔註28〕日本與中國有著傳統的貿易往來。但從明中葉起，因倭寇爲害明朝海疆甚烈，明政府爲防範倭寇侵擾，中斷了中日貿易。此時，在澳門的葡萄牙人抓住了這一千載難逢的機遇，乘機充當了中日貿易中介人的角色。葡商通過澳門取得大量中國貨物，運銷日本，日本各地的名商紛紛爭出高價搶購中國貨，使葡商大獲其利。

　　葡萄牙商人運銷長崎的貨物主要是中國的絲織品和生絲，以及歐洲和印度的古玩、藝術品、武器、香料、葡萄酒、棉花等，用這些貨物換取日本的黃金和白銀。〔註29〕

　　澳門到長崎的貿易航線，客觀上使澳門成爲此時中日之間貿易的中轉站，每年順夏季的西南季風，越過臺灣海峽，抵達日本門戶長崎，同年秋天再乘季候風返回澳門。這條航線通航貿易歷時七十多年。萬曆二十二年（1594），許孚遠述曰：

　　　　日本長岐（崎）地方，廣東香山澳佛郎幾番，每年至長岐買賣。

　　裝載鉛、白絲、扣錢、紅木、金物等貨〔註30〕。

　　在貿易中大獲其利的葡商，生活驕奢淫逸。據載，1610 年有二百名葡萄牙商人乘澳門的大船到日本長崎。他們在長崎居留了七八個月，就花去了二三十萬兩銀子。〔註31〕

　　葡萄牙殖民者開闢了由歐洲通往印度和中國的海上新航路，強佔了一系列殖民據點，建立了海上霸權，壟斷了東西方貿易。這些都爲澳門對外貿易的發展提供了十分有利的條件。澳門海上貿易活動，在中國這個商品最大供應市場和銷售市場的積極參與下，大大促進了世界市場的初步形成。

〔註27〕〔清〕印光任。張汝霖，《澳門記略・澳蕃篇》（昭代叢書本）卷下。轉載趙
　　　　春晨校注，《澳門記略校注》澳門文化司署，1992 年，頁 126。
〔註28〕張天澤：《中葡通商研究》，第 104 頁。
〔註29〕德・傑塞斯：《歷史上的澳門》，第 52 頁。
〔註30〕許孚遠：《請議處倭首疏》，《明經世文編》卷四零零。
〔註31〕博克薩：《葡萄牙紳士在遠東》，第 26 頁。

隨著西方各國資本主義發展中心的轉移，清初以後，葡國人在與西班牙、荷蘭、英國等國的爭霸中敗下陣來，國家的海洋經濟急轉直下，不但丟掉了國際航線，連國家地位都不保，淪為西班牙國王轄下的屬國。

澳門港海外貿易隨著鴉片戰後，中國市場的大門被西方列強用武力強行打開而漸衰落。由於「五口通商」、「十口設關」，中國的通商口岸已多達三十四個。澳門港便失去了它在海外貿易中的重要地位，為香港所取代。1887 年中葡條約簽訂時，廣東巡撫上奏疏稱：「澳門居住葡人，官無善政，賈無善賈，工無善藝，惟借賭博娼僚，包私庇匪，收受陋規，為自然之利。……葡國既無商船來往，澳門別無他利可圖，市面蕭條，人情渙散，其坐困情形，可立而待。」〔註32〕

2.5 澳門海上絲綢之路

當長長的沙漠駝隊載著中國的絲綢、瓷器、茶葉，沿著古老的「絲綢之路」不斷地蜿蜒西行的時候，另一條被認為比陸上「絲綢之路」持續時間更長、所到地區更廣、歷史影響更大的「海上絲綢之路」也在逐步形成。中國是開創「海上絲綢之路」的重要國家。在這條藍色的通道上，區區澳門靠其陸面海的獨特位置和歷史文化背景，在「海上絲綢之路」中扮演著十分重要的角色。從 16 世紀中葉至 17 世紀中葉約八十年時間裏，澳門成為國際上遐邇聞名的貿易港，也成為聯繫歐、亞、非海上貿易航線最重要的「海上絲綢之路」。如果說，廣州在當時充當了海上絲路的主角，澳門則擔負了聯絡歐、亞、非、美四大洲海上貿易航線的中樞港角色，它對世界經濟的發展和東西文化的交流作出了歷史性的貢獻，澳門直接成為廣州港的延伸。它是最早溝通中西文化交流和促進東西貿易的重要橋樑。

作為經營海上國際貿易的中介者，葡人的作用不言而喻，但澳門國際貿易中繼港之地位更毋庸小覷。中國明清政府對澳門的政策，中國社會內部對海外貿易的需求，絲綢、瓷器、茶葉和白銀、香料為主的貿易結構，將中國的絲綢等商品傳播到世界各地，使得海上絲綢之路得到極大拓展。唐宋以來，東西貿易的海上通道曾被稱為「海上香絲之路」。因為香料在中國有其市場，葡萄牙人便以香料開路，和中國人接觸了。十六世紀，葡萄牙人東來，即與一條貫穿東西的香料貿易緊密相連。香料貿易是促使葡萄牙人尋找通往東方的新航路。過去葡萄牙來東方採購的香料全部運回歐洲，自從佔領麻六甲之

〔註32〕《清季外交史料》卷 73，《吳大澂奏查明澳門占界及將占界擬即清釐摺》，轉引自《澳門史綱要》，第 132 頁。

後，他們將香料就近運到中國出售，並換取瓷器、絲綢等中國產品。第二任葡印總督阿尔布克尔即曾向葡王建議，每年運胡椒到中國，換取黃金、絲綢、瓷器和大黃等物。據《印度香藥談》載，龍涎香「在華人中價值連成，是我們葡萄牙人將龍涎香販往中國的，1 斤合 20 盎司，可售 1500 克魯紮多，據華人言，此物對同婦女交歡具有特效，可健腦補胃。」〔註33〕

1515 年，據說麻六甲總督派意大利人拉裴尔‧佩雷斯特羅到屯門（珠江口外之小島）貿易與收集情報。返航時，他帶回了許多精美的瓷器送給葡王。曼努埃尔一世大悅，更加強了要與中國貿易的願望。然而他對中國一無所知，有一次他寫信給西班牙國王費尔南多說：「中國人是白色人種，有漂亮的綠眼睛」。

1580 年 11 月 8 日，羅明堅神父在澳門致羅馬信稱：「在澳門有我們的一座會院。治理廣東的官吏們准許住在澳門的全體居民，不論住在何區，不論任何身份，不論何天皆可去廣州經商，不必要求特別許可⋯⋯每條船准乘五位葡萄牙人。這樣的新措施爲他們葡人太方便了。從此可以更方便、更自由地和中國交易了，因爲以往一年只准一次經商。」〔註34〕

四百多年來，澳門一直是中國從未關閉過對外開放的門戶或通道，16、17 世紀，它已成爲「海上絲綢之路」的重要據點，同時也是一個最早溝通中西文化交流和促進東西貿易的重要橋樑。澳門海洋生態環境所創造的精神與物質文明證實：「強於世界者必盛於海洋，衰於世界者必敗於海洋」，彰顯出未來人類文明的出路依然是海洋。

二、罪惡的鴉片與拐掠華工貿易

2.6 澳門「海上浮動地獄」

1845 年，澳督亞馬留單方面宣佈澳門爲自由港，向所有國家開放，除個別商品，其他商品全部免稅進口。不准中國海關和稅館在澳門存在，中國官員及家屬全部撤離，從此，葡人不僅停止向清廷繳納租金及關稅，反過來向澳門華人增收田賦，強奪澳門的行政權，並向東北擴張地界。最終亞馬留在領兵攻佔望廈村時，被村人斬死。〔註35〕

〔註33〕吳志良等：《澳門編年史》，第一卷，廣東人民出版社，2009 年版，第 100 頁。
〔註34〕吳志良等：《澳門編年史》，第一卷，第 182 頁。
〔註35〕參見王文祥主編：《港澳手冊‧澳門大事記》，中國展望出版社，1991 年版，第 516 頁、917 頁。

　　葡人宣佈澳門為自由港，卻未能挽回澳門經濟衰退的局面。澳門受地理環境的局限，加上香港的崛起，對外貿易仍一蹶不振。這期間，澳葡殖民者加劇了販賣華工的罪惡活動，「苦力貿易」愈演愈烈，澳葡當局設立了專營「苦力貿易」的「招工館」，葡語稱「巴拉坑」，意謂木室或木棚。中國人稱之為「豬仔館」，亦稱洋行、客棧、客館和苦力館。此後，澳門的苦力貿易從暗地變為公開，且愈演愈烈。1855 年，澳門只有五家「招公館」，到 1873 年猛增到三百多

運送契約華工的苦力船
圖片來源：吳志良等：《澳門編年史》

家。當時靠綁架、拐騙等手段從事「苦力貿易」謀生的人販子竟然達三四萬之眾，占當時澳門總人口的一半左右。出口的苦力主要被運往加勒比海和南美地區，特別是古巴和秘魯。「豬仔館」對被騙入館的人稱為「賣豬仔」。

1857 年 4 月 2 日的澳門苦力暴動
圖片來源：吳志良等：《澳門編年史》

　　「豬仔」運到目的地後，即被公開拍賣。在古巴出售每名「豬仔」可得利潤 150 元；在中美地區可得 100 至 300 元；在秘魯可得 200 至 300 元。按照這種利潤測算，澳門從 1856 年至 1873 年內販運到古巴的苦力 94645 人，

利潤約爲 1420 萬元；到秘魯的苦力爲 83192 人利潤爲 1700 萬元。兩者合計利潤高達 3100 萬至 4000 萬元。〔註36〕

被拐賣的「豬仔」被押上「海上浮動地獄」的苦力船後，更是遭受到非人的待遇。容閎描述他 1855 年曾在澳門見過這樣的「豬仔館」時，悲憤地述曰：「無數華工以辮相連，結成一串，牽往囚室，其一種奴隸牛馬之慘狀，及今思之，猶爲酸鼻」。〔註37〕1871 年，「唐璜」號苦力船海員，奧地利人阿爾伯特·赫克爾，在法庭的證詞中寫道：五月三十一日，有六個苦力跑到艙面甲板上，跪下大哭。他們說遭到人販子拐騙，要求釋放下船。澳門港務長命令船長用鐵鏈把他們鎖住，船上的水手長爲他們帶上手銬。有些葡萄牙人穿著中國苦力的衣服，混在苦力中間進行監視。船長根據他們的報告，把二十名據說是不可靠的苦力套上鐵鏈，每兩名聯鎖在一根十英尺長的鏈條上。船長下令將鐵鏈燒紅，趁熱焊在踝上。船長還下令把全體苦力召集起來觀看這種酷刑。全體船員和水手則帶上手槍和短刀，以防暴動。〔註38〕

五月，「唐璜」號苦力船從澳門開往秘魯，船上載有苦力六百五十人。船在海上起火，船長、水手棄船逃走，苦力死亡六百人，剩下五十人被漁船救出。

拐掠的苦力在販運過程中的死亡率很高：「（苦力）數百人閉置一艙，昏悶而死者已三分之一，飢餓、疾病、鞭撻而死者又三分之一，苟延殘喘者不及一成。」〔註39〕

廣東香山詩人梁煦南遊歷澳門，見澳門「買豬仔」之事甚盛，遂仿白居易《新樂府》作《澳門行》曰：「胡塵芬芬入天去，日色黃金掛高樹。風急對面語不聞，柳外白沙飛作絮。南環地接海天秋，浪聳高於百尺樓。三板隨波互出沒，一俯一仰如現酬。濤聲萬馬跑空嘯，憑夷起舞靈胥謳。雲煙黯慘變天地，人行岸上疑沉浮。夷婦抱犬篴與出，鮫綃約膚蘭麝溢。虜兒碧眼醉紅霞，走出江頭吹脣篥。中遠隆起駝峰高，桐棺半斷寒磷號。塞草不青骨自由，陰霾大漠翻松濤。髑髏髑髏也休怪，汝若後死當豚買。琅璫陣陣愁無顏，夷人買人行開山。」〔註40〕

〔註36〕黃鴻釗：《澳門史》，福建人民出版社，1999 年版，第 271 頁。

〔註37〕容閎：《西學東漸記》，商務印書館，1934 年版，第 26 頁。

〔註38〕陳翰笙主編：《華工出國史料》，第 4 輯，第 566 頁。

〔註39〕黃鴻釗：《澳門史》，福建人民出版社，1999 年版，第 273 頁。

〔註40〕梁煦南：《迁齋詩抄》卷 2，《澳門行》。《澳門編年史》，第 4 卷，1807 頁。

　　作者自注，買華人往國外墾荒，名買豬仔，管所數百間。據資料公佈，至 1873 年時，澳門的豬仔館已發展至 300 餘家，據徐藝圃先生從中文檔案統計，當時有名的豬仔館就有 95 家。

　　1874 年，中國政府曾派調查團前往古巴，調查苦力的情況。調查團在哈瓦拉的收容站、奴隸發賣所、監獄和鄉村中的幾個種植園作了調查，收到了由 1665 人簽名的八十五份控訴狀，還聽取了 1726 名苦力口述其被騙經過和悲慘遭遇。調查團親眼看到許多苦力斷手折腳，滿頭瘡傷，眼睛打瞎、牙齒打落、耳朵被割的慘狀，觸目驚心。

　　「苦力貿易」給澳葡當局帶來了豐厚的財政收入，成為澳門財政的主要來源。據統計，十九世紀下半期，被拐賣出洋的「豬仔」達 205 萬人之多，苦力貿易的畸形發展帶動了香港和澳門早期航運業、造（修）船業、飲食旅館業、賭博業及市政建設的發展，亦同時為英國殖民者帶來了豐厚的利潤。英國學者安德葛曾宣稱，香港這個殖民地的成長和繁榮，在很大程度上是靠血腥的苦力

英國東印度公司往中國運輸鴉片
圖片來源：吳志良等：《澳門編年史》

貿易而造成的。香港、澳門早期的發展散發著「豬仔貿易」的銅臭，是華工在內的數以百萬計的「豬仔」們用自己的血與淚造就的，這是一頁「從頭到腳，每個毛孔都滴著血和骯髒的東西」的殖民剝削史。

　　罪惡的「苦力貿易」更是給中國人民帶來了深重的災難和恥辱，因而遭到中國人民和世界人民的強烈譴責和反對。1874 年 3 月，英國駐廣州領事羅伯遜曾編製「1845～1872 年苦力船海上遇難事件備忘錄」，記載了 34 起事件，其中澳門苦力船爆發的事件就占十八起，反映了海上抗暴鬥爭中苦力們無畏的鬥爭精神。恩格斯在《波斯和中國》一文中，對這種不甘屈服的鬥爭精神倍加讚賞：「連移民到外國去的苦力都好像事先約定好了，在每一艘移民船上起來暴動，奪取船隻，他們寧願與船同沈海底，或者在船上燒死，也不投降。」〔註41〕

　　十九世紀後半葉，由於中國政府多次抗議、交涉，加之西方資本主義世界經濟普遍萎縮，勞動力過剩，失業隊伍擴大，一些原來輸入中國勞工的國

〔註41〕《馬克思恩格斯選集》第 1 卷，人民出版社 1995 年版，第 710 頁。

家實行排華政策等原因，使得這種「苦力貿易」大受影響。在這種情況下，葡萄牙政府被迫在 1873 年 12 月 20 日發佈國王赦令，宣佈禁止澳門的「苦力貿易」。1866 年 12 月 1 日，清政府下令嚴禁販賣人口，「爲首斬決，爲從絞決」。〔註42〕自此，澳門罪惡的「海上浮動地獄」終於被歷史的狂瀾席卷、摧毀。

2.7 澳門鴉片貿易

最早把鴉片當作商品從海外販運到澳門，傾銷於內地的是葡萄牙人。葡人佔據澳門後，此地便成爲了他們鴉片貿易和走私的最早據點，和向中國運送鴉片的重要基地。

十八世紀初，葡萄牙人以牟取暴利爲第一目的，從葡屬殖民地印度的果阿和達曼，大量將鴉片通過澳門走私輸入中國，開闢了鴉片貿易這一新的生財之道。

葡萄牙人看到，鴉片走私雖擔風險，但卻大有甜頭，爲了長期保持鴉片走私販運的獨佔地位。葡萄牙人利用中國政府對澳門實行的特殊政策，與澳門之特殊地位，確保其販運權。自葡萄牙人租借澳門後，明清朝廷對澳門實施特

鴉片煙館
圖片來源：田若虹攝於澳門海事館

殊政策：允許葡國商船停泊澳門後，即可丈量船身，搬貨入澳，迨內地商人赴買，始行納稅。這樣，葡國商船來華貿易，不僅省去了雇引水到黃埔停泊的過程，而且省去了入口驗貨稽查之手續，爲他們將走私鴉片混進關口提供了可乘之機。故而葡商「每於赴本國置貨，及赴別國貿易回帆時，夾帶鴉片來粵偷售。明清朝廷對葡商的「以示懷遠」之政策，致使澳門鴉片走私日益猖獗。

此外，澳葡官府關於任何他國商人在澳門經營鴉片貿易，必須由葡萄牙商人代理，他國商人販運鴉片前來中國，必須由葡萄牙商船轉運之通商法規，更使葡商獨家掌控鴉片貿易與走私如魚得水、如虎添翼。《大英百科全書》「中

〔註42〕鄭彭年編著：《澳門開埠 450 年‧澳門歷史大事記》，第 210 頁。

國條」記載:「吸食鴉片……關於此種嗜好之記錄,則始於 1729 年,爾時輸入之鴉片,純由葡萄牙人供給,其出口年約 200 箱。」

葡商為了報謝知遇之恩,確保其鴉片走私的順利進行,他們在澳門設置了一項專門的賄賂基金,用以支付中國鴉片掮客的傭金,和作為賄賂中國官吏的「規禮費」。

此後,吸食鴉片如同瘟疫一般,變本加厲地在中國,主要是在東南沿海蔓延開來,吸毒人數迅速增加,到乾隆三十二年(1767 年),進口鴉片數量達到 1000 多箱。正如東印度公司委員會所指出:「我們相信,下列是葡萄牙船輸入澳門的,麻窪鴉片數量的正確報告表:攝政太子號:388 箱,安茲里加號:396 箱;比里沙里奧號:4 箱;安祖斯號:227 箱。」〔註43〕

至乾隆三十八年(1773 年),葡萄牙人壟斷了鴉片走私貿易,鴉片貿易的收入已成為澳門葡人的主要經濟來源。鴉片戰爭前夕,澳門鴉片貿易愈演愈烈。1839 年,道光皇帝諭旨:「澳門為夷商聚集之所,夷樓屯貯煙土,以成弊藪。」〔註44〕

由於葡人憑藉澳門壟斷中西貿易而獲得豐厚利潤,多數商品貿易的利潤率超過 100%,苦力貿易的利潤率高至 80%,引起西歐殖民國家的無限妒羨,紛紛來澳門通葡萄牙進行激烈的爭奪。

1773～1820 年,葡萄牙與英國圍繞澳門鴉片市場展開了激烈競爭。1773 年,英國東印度公司在印度取得了鴉片專賣權,自此,英國逐開始試運鴉片到中國出售。鴉片戰爭之前的幾年間,以英船為主的大量外國商船在珠江口內外橫衝直撞,它們「穿梭於澳門、伶仃、廣州之間。」道光十四年至十九年年間,外商向中國輸入鴉片已多達 81922 箱。

罪惡的鴉片流入中國之後,嚴重地毒害了中國人民的身心健康。據有關統計,第一次鴉片戰爭前後,吸毒者約 300 萬人。「洋人布此鳩毒於中國,殺人之身,復殺人之心,其害過於洪水猛獸遠甚。」致使「君子不能勞心,小人不能勞力」,吸煙者個個神色疲萎、形同枯槁,玩偈歲月,廢時輟業,傾家蕩產。

鴉片的輸入更是使得中國白銀外流,民窮財竭。十六世紀以來,西方商人來華貿易,輸入白銀購買中國生絲、綢緞、藥材、陶瓷等物。從印度果阿、

〔註43〕馬士:《東印度公司對華貿易編年史》,第 3 卷 323 頁,牛津大學出版社,1926 年版。
〔註44〕《清傳宗實錄》,卷 326,第 7 頁。

日本長崎、馬尼拉三條航線，每年外商都要運進澳門白銀幾十萬兩至幾百萬兩。自從鴉片走私貿易以來，中國白銀開始大量外流，中國之對外貿易亦由出超而變爲入超。僅以廣東爲例，自道光十四年至十八年（1834～1838 年），每年外流白銀達 3000 萬兩。其後果如林則徐奏稿所言：「猶若泄泄視之，是使數十年後，中原幾無可以禦敵之兵，且無可以充餉之銀，興思及此，能無股栗……，豈宜籍寇資盜，不亟爲計」。

由於鴉片走私貿易嚴重危害了統治者及其中國人民的利益，引起了中國人民和統治者的強烈反對。清政府於 1756 年、1809 年、1815 年、1821 年數次下令嚴禁鴉片進口和吸食鴉片，並查辦販賣鴉片者，封鎖黃埔、澳門兩大鴉片走私貿易口岸。

1815 年，廣東政府加強了對澳門鴉片的防堵，改變了過去澳門葡萄牙人「赴別國販貨回澳，並不經關查驗」的慣例，並制定《查禁鴉片煙章程》：「鴉片煙一項流毒甚熾，多由夷船夾帶而來。嗣後，西洋貨船到澳門時，自應按船查驗，杜絕來源。……若軍民人等能將人煙並獲送官者，亦照所獲鴉片煙斤數酌以加賞……倘地方官及管關守口員弁，膽敢收受陋規，徇情故縱，立即提參拿問。〔註45〕」這一查禁鴉片章程的頒佈，對澳門鴉片貿易打擊很大，致使澳門再也不可能成爲安全的鴉片走私基地。

清政府任命的欽差大臣林則徐於 1839 年致函澳門海防軍民同知，著其轉知澳門葡萄牙當局：「前已訪得該西洋澳夷人，多有私將鴉片存儲夷樓，販賣漁利，歷次拿獲煙匪，供指買至澳夷，確有案據。送經本大臣、本部堂諭飭該同知，轉諭該夷目唭嚟哆遵照。毋許奸夷囤儲售賣，並令將所存煙土呈繳。」〔註46〕

葡萄牙商人對於林則徐義正詞嚴之堅決態度，不敢妄違。逐將儲藏在澳門的鴉片迅速處理，不再販賣。爲了禁絕鴉片，林則徐又責令澳葡當局立具結保證書，並公開聲明：「如將來再有西洋夷人販賣鴉片，或代別國奸夷蠆藏儲夥買，獲有實據，即將犯法之夷人，拿送天朝官憲，照依新例治罪。該夷目等不敢稍有庇護，並於嚴譴字樣，以憑查照辦理。」〔註47〕

1839 年 9 月 3 日，林則徐在兩廣總督鄧廷禎的陪同下，親往澳門巡視、落實禁煙事宜。事後將巡閱澳門之情形奏摺稟告道光皇帝。

〔註45〕吳志良等：《澳門編年史》，第 3 卷，第 1366 頁。
〔註46〕林則徐：《信及錄》，第 51 頁。
〔註47〕林則徐：《信及錄》，第 94 頁。

2.8 澳門海域私運軍火

清同治二年 11 月 4 日，在美國商人威爾士寫於廣東的一封信函中稱：他 9 月接到來自長崎日本官員的訂單，要到澳門購買炮和彈藥，交給長崎的大名的下屬官員（Tycoon's officer）。他 10 月份在澳門採購了這批武器，雇「蘇格蘭（Scotland）號」火船運送。〔註48〕

清光緒三十四年（1908）年 2 月 5 日，日本商船「第二辰丸」號在神戶由大板粟谷商會運載澳門廣和店華商譚壁理所購槍支 94 箱 2400 杆，子彈 40 萬碼駛抵廣東海域，粵東當局據密報獲悉後，當飭「寶璧」兵輪管帶吳敬榮、委員王仁棠帶同「廣亭」、「安香」二巡輪駛往九洲洋面，分頭巡守。5 日傍晚，見有商船在九洲洋中國海面停泊，旁有盤艇數艘貼近。正當「第二辰丸」號停靠在路環島東面約二里的大沙瀝海面，準備卸貨時，當即被清政府水師巡弁李炎山等在船上查獲，並將其船械扣押，帶回黃埔調查。弁員亦同時將該船尾所掛的日本國旗撤下。

日本政府與葡人串通一氣，向中國抗議。聲稱：「二辰丸並未在中國領水卸貨，其所裝載雖多為軍械，而係運澳之物，曾經由該口葡官允准在案。因此要求清政府船貨即放、懲罰官吏、陳謝撤旗、賠償損失。」〔註49〕日本駐華公使林權助於 2 月 14 日向清政府外務部發出態度強硬之照會，稱「第二辰丸」號擁有運載軍火進入澳門的准單，否認其為走私船。同時荒唐地宣稱「第二辰丸」號是在葡屬澳門領域，而非中國領海卸貨，扣留「二辰丸」有礙葡萄牙主權，並蠻橫地要求清廷「速放該船，交還國旗，嚴罰所有非法之官員，以儆效尤。」

2 月 18 日，葡萄牙公使柏德羅亦照會清廷，稱：「『第二辰丸』號裝載槍枝運卸澳門，該船被拿，有違葡國所屬領沿海權，並有礙葡國主權，阻害澳門商務……」要求「即刻釋放，以便該船隨便前往所擬往之處。」

清政府義正辭嚴地回絕道：「葡萄牙人駐澳，本無領海界地，並未查定，何有葡領之說」，強調：「日商所運軍火，雖有澳政廳准照，日稅關給憑，輸出於日，轉入於澳，對於彼下為私，在中國海面停泊起卸，對我即為私」。並提議此事交第三國公斷。這一要求遭到了日方的斷然拒絕。日方狂妄地叫囂，

〔註48〕 吳志良等：《澳門編年史》，第 4 卷，廣東人民出版社，2009 年版，第 1752 頁。

〔註49〕 吳志良等：《澳門編年史》，第 4 卷，廣東人民出版社，2009 年版，第 2152 頁。

如欲平息此事端，首先中國政府對於撤下國旗一事，應派兵艦升炮，以表歉忱，並先期知照日本國領事閱視實行。第二，對於此案應擔其責之兵艦管帶官等，要嚴加懲處。第三，中國政府應即時將「第二辰丸」放行，不得另立條件。第四，中國政府應將此案扣留「第二辰丸」號所生之損害，賠償帝國政府，俟查明後，即行告知其數，應核實算定。

面對著日本的囂張氣焰，且以武力要脅，清政府被迫屈服，全部接受了日方的條件。據外務部云：「此案實由當初失之太驟，操切從事，致本係正當之辦法，轉爲他人所藉口，使我清理雖足，不能適用法律。」這一事件發生後，粵中士民集合鼓譟，甚有罷市暴動之說，發起了近代史上第一次抵制日貨運動，並強烈要求清政府於葡萄牙劃定澳門界址。〔註 50〕是年底，因葡人在澳疏濬河道，清政府駐法公使劉式訓赴里斯本交涉。

〔註 50〕王彥威：《清季外交史料》第 3 冊，卷 210，《粵督張人俊致外交部辰丸私運軍火應按約充公電》第 1 頁。

第三章　澳門，多元、共融的宗教文化

一、澳門宗教概述

　　多元、共融的宗教文化特徵：由於澳門獨特的地理位置與歷史背景，澳門文化凸顯著傳統內涵的中華文化與以葡萄牙文化為特質的西方文化共存的文化特徵，是一種以中華文化為主、相容葡萄牙文化的，多元色彩的共融文化。澳門曾經是宗教文化中心，這裡既有儒、釋、道等古老的中國宗教，也有後傳入的天主教、基督教、伊斯蘭教等，宗教文化的多元化在澳門得到了充分的表現。

　　澳門的宗教信仰者中，佛教徒居首（5.97 萬人），天主教徒次之（2.4 萬人），基督教徒第三（6 千人）。其他宗教徒共 4.95 萬人。〔註1〕蕞爾澳門，僅 21.45 平方公里的土地上，卻聳立著四十多間廟宇（不包括幾十座土地神和神舍），二十多座教堂，每平方公里平均「兩廟、一堂」。千百年來，虔誠的信徒們在這裡一代又一代，晨鐘暮鼓，唱詩聽道，磕頭燒香，禮拜禱告，乞求神佛和萬能的上帝，護祐自己及全家今生來世平安幸福。

　　十六世紀中葉，葡萄牙逐步佔領澳門後，西方文化和宗教也隨之登陸，澳門成為天主教的東方基地。在葡萄牙商人來到澳門的同時，葡萄牙和其他西歐國家的傳教士也接踵而至，在短短的二三十年內，澳門已經教堂林立，教士雲集，成為天主教在華唯一的據點。

　　一批批的天主教耶穌會士在澳門經過培訓後，被送往中國內地及遠東各地傳教布道。作為佔領者葡萄牙人的國教，天主教長期以來影響著澳門的政

〔註 1〕參見鄭煒明、黃啓臣：《澳門宗教》，澳門基金會，1994 年版。

治、文化、社會生活等各個方面。四百多年來，中外商民雜居澳門，各種宗教及宗教流派並存，各行其道。

十九世紀葡人掌握澳門統治權後，他們在宗教上也同樣採取了寬容政策，澳門的中外宗教文化在此幸以共存與交融。基督舊教與新教的教堂同各種神仙廟宇雜處於島上，鄰里相望，雞犬相聞。在著名的聖保祿教堂廢墟「大三巴牌坊」的旁邊，便屹立著一座中國道教神哪吒廟。而路環聖方濟各教堂的聖母與聖子圖，披上了中式的服飾，顯現出古代中國女子雍容華貴的氣度；新口岸邊屹立的觀音塑像，則被葡人注入了西洋風格，成為一座洋觀音。

澳門的宗教節日繁雜，那邊基督的盛典剛畢，這邊神仙的誕辰又起；東邊神廟香火興旺，西邊教堂音樂悠揚。每當重大慶典之時，中外各種神教與聖教的信徒們互不干擾的進行著各自的宗教活動，沉浸於各自虔誠的信仰之中。澳門被譽為「東方的梵蒂岡」，可見天主教在澳門的地位和影響。然而，既便天主教在澳門佔據絕對優勢時，其他宗教信仰也仍有一席之地，呈現多元宗教文化並存的局面

二、澳門天主教

3.1 澳門天主教信仰

基督教是世界三大宗教之一。自公元一、二世紀誕生後不久，即逐漸分化為以希臘語地區為中心的東派和以拉丁語地區為中心的西派。公元 1054 年，東西兩派正式分裂。以羅馬教皇為首的西派自稱「公教」，即天主教。同以君士但丁堡大主教為首、自稱為「正教」的東部教會相對峙。十六世紀，「公教」再次分裂，在反抗教廷腐敗的偉大宗教改革運動中，德國、英國出現了只信仰「耶和華──神」，並與羅馬教皇抗衡的新教派。這些新教派統稱為「基督（新）教」，以區別於依然崇拜「聖父（上帝）聖母、聖子」三位一體的意大利、葡萄牙、法國的舊教（天主教）。天主教、基督（新）教分別於明嘉靖三十一年（1552）和清嘉慶十二年（1807）傳入中國。逐步被葡萄牙侵佔的澳門，成為了它們進入中國的第一站。

澳門自十六世紀起，即成為天主教在遠東的傳教中心。1522 年，勇敢的葡萄牙航海家麥哲倫統帥的船隊，首次完成了環繞地球一周的航行。隨著通往美洲、亞洲新航路的開闢，分裂成兩個教派後統治地盤大大縮小的羅馬教廷，開始向東方發動殖民主義侵略。波濤洶湧的海洋上，一支支葡萄牙、西

班牙的船隊楊帆東去。船上的乘員，除了軍人、商人，便是教廷派出的傳教士。軍人用船堅炮利轟開東方沿海古老的城池，商人瘋狂地掠奪中華帝國的財寶，而那些自稱「救世主」的傳教士，則以傳經布道的方式，強制性地推行文化移植，實施文化侵略。

十六世紀中葉，帶著宗教熱誠踏足澳門的耶穌會，隨著葡國入侵的腳步踏足澳門，此即天主教東傳澳門之始。兩年之後，明朝政府獲准葡人在澳通商居住，大批傳教士便魚貫抵澳。1568 年 5 月，葡萄牙耶穌會士賈尼勞抵達澳門，就任中國教區主教，〔註2〕澳門有了第一位天主教的主教。天主教澳門教區亦於 1576 年 1 月 23 日，由教宗額我略十三世頒令成立，成為遠東地區最早的傳教中心。西方傳教士們開始在東西方科學、文化、藝術、哲學領域的交流中擔當使者的角色。扮演了溝通中西文化的角色。

萬曆四年（1576），澳門主教轄區成立後，曾管轄著中國、朝鮮、日本、越南、老撾、暹羅等國。澳門作為最早的華洋雜居之地，最先受西方文化的浸染。

1582 年利瑪竇神父到澳門，次年進入內地傳教，但很快被逐回澳門，這使他認識到在中國傳教必須先贏得中國人的尊敬，遂決定以學術招攬人心，從而奠定了天主教入駐中國傳教的基礎，也為近代中西文化交流邁出重要的一步。

康熙二十年，尤侗撰《外國竹枝詞》百首，其《歐羅巴竹枝詞》二首，第一首下聯云：「音聲萬變都成字，試作耶穌十字歌」。第二首：「天主堂開天籟齊，鐘鳴琴響自高低。阜城門外玫瑰發，杯酒還澆利泰西（按：泰西應作西泰，利瑪竇字，為趨韻而改。）」居然以天主、耶穌、利瑪竇入詩。反映了天主教文化在中西文化交流史上舉足輕重之地位。

目前天主教澳門教區有六個本堂區，二個傳教區，各堂區的行政、財政獨立。較大規模的教堂有二十餘座，其中望德堂，風順堂和花王堂歷史均在三百年以上。澳門現有天主教徒二萬二千多人，其中百分之六十是華人。天主教會在傳教的同時，還在澳門從事中。小學教育，擁有中小學校和專業學校六十多所，師資近千人。此外，還開辦了托兒所、診所、青少年復原所、老弱傷殘院、社區服務機構等。

〔註 2〕吳志良等：《澳門編年史》，第 1 卷，第 144 頁。

3.2 澳門天主教會

澳門教區於 1576 年 1 月 23 日，由教宗格列高利十三世頒令成立，成為近代遠東第一個主教區。轄區包括中國、日本、朝鮮和所有毗連島嶼。最初澳門的天主教會隸屬於麻六甲教區，澳門主教區成立後，管轄日本、中國內地和安南（越南）等地的教務。羅馬教廷任命的第一任澳門主教是努內斯·菲蓋拉神父，由於其堅決辭去主教一職，遂改派萊奧納多·薩為主教〔註3〕。根據此項敕令，原來的望德堂正式升格為主教座堂。

此前，澳門教務一直由賈耐勞神父主持。故澳門人通常認為賈神父是澳門第一任主教。澳門教區自建立伊始，奉聖女加大肋納瑟納和聖方濟各沙勿略為主保。除了傳播基督福音以外，還致力促進科學交流和推崇道德，以科學與道德為教區座右銘

賈主教首創仁慈堂、白馬行醫院和望德聖母堂，為澳門教會立下了汗馬功勞。在沙主教任期內，各個休會紛紛來澳門設立會院。1594 年，耶穌會創辦聖保羅學院，它是遠東第一所西式大學，是天主教信仰的傳播基地。

1690 年，嘉撒神戶接任澳門主教，任期 1690～1733 年，此時，正值葡萄牙龐培首相仇視教會，強行驅逐耶穌會士。這使以耶穌為主的遠東教會幾乎毀於一旦。1834 年，葡萄牙政府下令解散一切修會，沒收修會財產，放逐會士，教徒人數降至 3000 人，澳門對中國教會的影響就此斷絕。

1825 年，深切瞭解澳門教區環境的馬主教來到澳門，並在此工作了十多年。他上任後，即重整教會，設立華人教區，建立西洋牧場，邀請修女來澳門發展社會福利事業。1920 年，高若瑟繼任澳門主教後，任期內先後建造了聖羅撒學校、西望洋山聖堂、和主教寓所等。創辦了聖若瑟中學、聖心書院、鮑思高紀念中學、培貞學校及望德堂學校等。望德堂成為獨立的華人教區，人數大大超過了葡籍教友。

1954 年，高德華主教繼任，他致力於社會慈善機構的創立，先後創辦了利瑪竇學校、曉明學校、海星學校、永援學校、聖玫瑰學校、取潔學校、粵華女校、以及聖德蘭學校等。還設立了紅十字醫院、公教中心和高德華圖書館。在氹仔和路環還建造了貧民住屋三百個單位。除耶穌會外，方濟會、奧斯定會、道明會和度隱修生活的聖嘉辣女修會，都曾先後在十六、十七世紀，於澳門設立了會院。

〔註 3〕吳志良等：《澳門編年史》，第 1 卷，第 168 頁。

3.3　澳門多明我修會

　　多明我修會於 1205 年由西班牙人聖多明我創建。他出身於古斯曼貴族家庭，是紅衣主教和神學家，篤信正宗。多明我修士皆戴黑色風帽，穿黑衣，稱爲「黑衣托缽僧」。他們一般都具有高深的神學修養和與異端雄辯，改變之信仰的熱情。

　　多明我修會在神貧和苦行方面，更注重布道和訓誨。修會採用聖奧斯丁修會會規，補充自己的內容，修改之後的章程深受讚譽，常常成爲後世修會的典範，耶穌會就以此爲藍本。傳說聖多明我曾經得到聖母瑪利亞親授的《玫瑰經》，所以被加以推廣，今天《玫瑰經》已成爲全世界天主教徒最普遍頌讀的經文之一。

　　萬曆二十六年，意大利人弗蘭西斯科·卡萊蒂抵達澳門，在澳門逗留了一年多時間，並將他所見到的澳門記錄在其著作《周遊世界評說》中：「它名叫上帝聖名之城，……澳門除了主教所在的大教堂外，還有聖方濟各會、聖多明我會和聖奧斯定會的教堂與修院，……此外還有耶穌會的修道士，他們擁有被稱爲學院的教堂。……視察員范禮安除了在澳門學院所用的錢外，每年還爲維持天主教而消費 8000～9000 埃斯庫（葡萄牙貨幣單位）。」〔註 4〕

多明我會教堂
圖片來源：黃啓臣：《中國通史》

　　澳門的多明我修會教堂即玫瑰聖母堂，又稱多明我堂或板樟堂，始建於 1587 年，是天主教的明我會教士初到澳門時設立的，至今已有 400 年的歷史，是澳門最古老的教堂之一。因堂內供奉花地瑪聖母，爲葡人最崇拜之神，故該教堂又稱聖母玫瑰堂。〔註 5〕多明我修會的教堂於 1828 年重修，今天壯觀的規模即源於此。板樟堂供奉花地瑪聖母，是葡國人很崇拜的神，堂記憶體有許多富有奇趣的油畫及雕像，尤以耶穌基督像最爲著名，從中可窺見古西班

〔註 4〕吳志良等：《澳門編年史》，第 1 卷，第 267 頁。
〔註 5〕參見劉托：《濠鏡風韻》，文化藝術出版社，2005 年版，第 63 頁。

牙的宗教藝術特異之處。聖堂後面設有一小博物院，內藏聖保羅大教堂所遺留下來的早期著名雕刻及遺物。

三、中國西方傳教士聚集之地

3.4 無畏的航海者沙勿略

方濟各‧沙勿略（1506～1552），出身於西班牙貴族。1534 年在巴黎大學讀書時，成爲依納爵‧羅耀拉最早的門徒之一。1540 年受葡王若奧三世的派遣，作爲教皇保羅三世的使者到東方來，先後傳教於印度、麻六甲和日本。是最早來東方傳教的耶穌會士。他是耶穌會創始人之一。天主教會稱之爲「歷史上最偉大的傳教士」，是「傳教士的主保」。在日本傳教期間，他同時注意到另一個偉大，卻因閉關鎖國而鮮爲人知的中國。

1552 年方濟各‧沙勿略在上川島辭世
圖片來源：吳志良等：《澳門編年史》

嘉靖三十一年 8 月底，他歷盡千辛萬苦抵達上川島，成爲第一位進入中國的傳教士。沙勿略抵上川之始便設立了一座草棚小教堂，做彌散和教那些被捕的兒童、少年學習教義，進行宗教活動。〔註 6〕10 月後，即染病，11 月後，「移至船上養病，然風浪顛簸，苦不能耐。至本日，口誦耶穌之名而終。」〔註 7〕享年 46 歲。

〔註 6〕吳志良等：《澳門編年史》，第 1 卷，第 93 頁。
〔註 7〕同上。

　　從 1552～1775 年澳門耶穌會被迫解散，耶穌會士在澳門、中國內地和遠東的宗教、科學文化，乃至政治舞臺上活躍了二百多年。從此，耶穌會士和其他教派教士接踵而至，宗教活動蒸蒸日上，澳門漸漸成為名符其實的東方天主教基地與活動樞紐。

　　在福傳過程中沙勿略瞭解到；為了幫助不同國族的人接受福音，除了要學習當地語言之外，也需要對這些地方的文化和民族性有所認識。在那些他無法用言語溝通的地方，他就以實際的行動去關懷窮人，照顧他們的需要。

　　沙勿略為福傳歷盡辛苦，海上的風暴、南國的酷熱、北地的冰雪，這一切都沒有令他退縮。他甚至前往居住著剽悍原住民的小島親身涉險。他說「我相信對於那些視我們主基督的十字架為甘飴的人，這樣的勞苦是一種歇息，而結束這些勞苦或逃避它們卻是死亡。」沙勿略當年播下的教種，在多位後繼者的努力下，已經長成林蔭。沙勿略沒能實現他自己的理想。但他提出的意圖使整個古老的中華帝國基督教化的設想卻成為西方傳教士一代又一代為之奮鬥的重要目標。在葡萄牙人搶佔澳門之後，耶穌會士開始以此為據點，設法向中國內地滲透。三十年後，利瑪竇成功的將天主教傳入古老的中國。

　　耶穌會神父費爾南・門德斯・平托在其作品《遠遊記》中，令人動容地寫到了島上的居民為這位東方的基督教先驅舉行的宗教儀式。1549 年，平托曾陪伴沙勿略去日本。他寫道：「第二天早晨，我們離開了上川島，日落時分抵達了距離北岸六里格處的另一個小島。這個島名叫浪白澳，葡萄牙人就是從這個地方與中國人做生意，直到 1557 年，在商人門的請求下，中國官員才把澳門港給了我們，如今我們繼續在澳門做生意。從前荒無人煙，我們向那裡大量遺民，如今可以找到價值三四千達克特的建築，連同一座教堂、一位牧師和受俸教士。更有甚者，這塊殖民地還養著它自己的總督、審計官和法官，而且，或許可以補充一句，所有人都安全地生活著，就好象生活在葡萄牙最太平的地區一樣。」〔註 8〕

　　如今在麻六甲、羅馬和澳門聖若瑟修院，都珍藏著沙勿略的部份遺骸。

　　吳漁山《聖方濟各・沙勿略》（《聖學詩》）云：「辭樂迂艱，就貧棄富。神往中華，鐸開印度。流厚澤於殊方，揚聖名於亙古。贊曰：特選之器，聖

〔註 8〕澳・傑弗里・C・岡恩著，泰傳安譯：《澳門史》，中央編譯出版社，2009 年版，第 20 頁。

教柱礎。隨救世主，擔荷劇苦。……指破迷途，宛然巨火。振醒吾民，咸思安土。非止本會之棟樑，實乃亞西亞之慈父。」

在聖學詩《沙勿略贊》中曰：「（沙勿略）非止本會之棟樑，實乃亞細亞之慈父。」

其《粵中雜詠》第四首，更是描寫擁著沙勿略的聖像遊行之場面：「捧臘高燒迎聖來，旗幢風炮成雷。四街鋪草青如錦，未許遊人踏作埃。」〔註9〕其詩可謂獨步當時之作。沙勿略之辭樂就苦，爲漁山所效法。躬行實踐數十年。

繼沙勿略之後，又一位對天主教在中國傳播有重要影響的人物，范禮安（1538 年～1606 年），耶穌會意大利籍傳教士。於 1573 年被任命爲耶穌會遠東觀察員視察澳門教會。當時澳門的一些耶穌會傳教士要求他們的中國信徒一律要學葡萄牙語，取葡萄牙名字，生活方式也葡萄牙化。范禮安認爲，這種方式不符合傳播宗教的原則。他認爲應該是傳教士中國化，而不是中國人葡萄牙化，才有利於天主教的發展。於是他要求傳教士們學習中國語言，採用中國風俗。

3.5 「通玄教師」湯若望

湯若望（1591～1666），字道未。耶穌會士，學者，德國科隆日爾曼人。1622，若望換上了中國服裝之後，遂將其德文姓名「亞當」改爲發音近似的「湯」，「約翰」改爲「若望」，正式取名湯若望。其字「道未」，典出於《孟子》「望道而未見之」。

湯若望在中國生活了四十七年，歷經明、清兩代，死後安葬於北京利馬竇墓旁。1658 年，賜「光祿大夫」，官至正一品。康熙致湯若望祭文悼曰：「鞠躬盡瘁，臣子之芳蹤。恤死報勤，國家之盛典。爾湯若望，來自西域，曉習天文，特畀象曆之司，爰錫通玄教師之號。遽爾長逝，朕用悼焉。」

湯若望在中西文化交流史上是一位不可忽略的人物。他以虔誠的信仰，淵博的知識與出眾的才華，奠定了他在中西文化交流史上的重要地位，他是繼利瑪竇來華之後最重要的耶穌會士之一。湯若望繼承了利氏通過科學傳教的策略，在明清朝廷曆法修訂以及火炮製造等方面多有貢獻，中國今天的農曆是湯若望在明朝前沿用的農曆基礎上加以修改而成的「現代農曆」。他還著有《主制群徵》、《主教緣起》

等宗教著作。湯若望在天曆等方面所做的實際工作，以及撰寫的一系列注重實踐的著述，具有重要的學術價值。他以孜孜不倦的努力，在西學東漸之中成就了一番不可磨滅的功績。

1619 年 7 月 15 日，湯若望和他的教友們抵達澳門，被安置在聖・保祿學院裏。湯若望與其它傳教士們一踏上中國土地，便潛心研習中國語言文化。他們入鄉隨俗，脫下僧袍，換上儒服，住進中式房屋，認眞研習中國經史和倫理，尋找中東西方文化的交合點。

湯若望來華之時正值明朝內憂外患之際，滿洲努爾哈赤的勇兵悍將「非火器戰車不可禦之」。朝廷派人到澳門向葡萄牙人購買大炮。滯留澳門的傳教士們逐以軍事專家的面目，與大炮隨行，進入內地。

崇禎帝啓用湯若望造炮。憑著對火炮的知識、聰明才智、鑽研精神和想像力，湯若望居然勉爲其難，成功地造出了二十尊大炮，崇禎帝「嘉其堅利，詔再鑄五百位」。然而堅兵利器亦終未能挽救明王朝的覆亡。

其後，湯若望憑藉造炮之經驗，著有《火攻挈要》，刊刻於 1643 年。《火攻挈要》是由湯若望口述，焦勖筆錄整理。全書約四萬字，分上、中、下三卷，並附有插圖四十幅。上卷敘述製造火器之方法；下卷則爲西銃之攻法、守城、海戰以及炮戰等有關事項。它傳播了歐洲十六世紀的火炮製造知識，是明末有關西洋大炮的一部權威著作。

1638 年左右，湯若望與曆局的工作人員楊之華等選譯了德國礦冶學家，阿格里科拉關於十六世紀歐洲開採、冶金技術之巨著《礦冶全書》，中譯本定名爲《坤輿格致》。該書共分十二卷，涉及礦業和相關冶金工序的每個步驟。編成後，湯若望進呈朝廷。崇禎皇帝御批：「發下《坤輿格致》全書，著地方官相酌地形，便宜採取」。然因明王朝迅速崩潰，該書未及刊行，便在明末清初紛繁的戰火中遺失了。

中國古代，制定曆法和頒佈曆法是皇權的象徵，列爲朝廷的要政。歷代王朝都在政府機構中設有專門司天的天文機構，稱爲太史局、司天監、欽天監等，並配備一定數量的具有專門知識的學者進行天文研究和曆書編纂。曆法在中國除了服務於農業生產和社會生活之外，更具有「天垂象，示吉凶，聖人則之」，之警示效能。

明代曆法年久失修、常有舛謬，修曆迫在眉睫。1629 年 11 月 6 日，曆局成立。其首要任務旣是編纂一部《崇禎曆書》，一部集中西方數理天文知識之

大成的曆書。曆局的成立為中西天文學之交流搭建了平臺。

在徐光啓主持下，經過十多年的辛勤工作，曆局於 1634 年 12 月完成了卷帙浩繁的《崇禎曆書》，共計四十六種，一百三十七卷。湯若望參與測量並繪製大幅星圖的工作。其所繪製的星圖突破了中國兩千年的傳統，使突出於世界天文學史的中國古星圖，成為了具有劃時代意義的傑出星圖。該星圖現存羅馬梵蒂岡圖書館。《崇禎曆書》的刪節版，後被清廷定名《時憲曆》，頒行天下。

自康熙十年（1671）清政府重新允許傳教士進入內地以後，不斷有精通天文曆法的傳教士，由三巴寺前往清廷供職。在寺中學道的耶穌會士，「衣服翩翩，吟哦不輟。從天堂而出入，讀書談道，習格物，窮理而學超性。」〔註10〕

在欽天監官員李祖白的幫助下，湯若望用中文寫了一本介紹伽利略望遠鏡的《遠鏡說》，第一個將歐洲的最新發明介紹給中國，其對以後的曆法改革功不可沒。因上通天文，下知地理，加之熟諳漢文典籍，湯若望贏得了中國文人士大夫的好感、信任，與朝廷官員們的賞識。從而達到其傳播信仰之目的，此即利瑪竇開創的「合儒、超儒」的傳教策略。

湯若望在華期間，撰寫、編譯了多種有關宗教方面的著述，其中《主制群徵》與《主教緣起》為其力著。《主制群徵》是一本從哲學的角度論證天主存在的教理書。《主制群徵》原名《論神的智慧》和《論靈魂不滅》，於 1629年在山西省絳州刻印。全書以天文、地理、生物中的二十多種事物為論據，論證天主之存在。同時通過對天、氣、地、海、人等多方面自然現象的描述與分析，以富於哲理性的論辯，論證了宇宙間的一切，皆出於造物主超凡力的安排。書中，他所介紹的人體解剖學的有關知識，在西醫東漸過程中，提供了有關西醫學的最早信息。

《主教緣起》，初版於崇禎十六年，全書共四卷，刻於北京。主要敘述了天主教的起源：「天主」之存在、人的靈魂及性體、人死後所受之賞罰，以及聖母瑪麗亞及耶穌的降生。其書《眞福訓詮》，以淺顯的語言，闡述了耶穌信仰與求眞福之道之觀念。

湯若望因其學識、品德與成就，深得順治帝、多爾袞的欽佩與青睞。被順治帝尊為「瑪法」。他曾憑自己的醫學常識及其所瞭解的多爾袞的健康

〔註10〕陸希言：《澳門記》，轉引自章文欽：《澳門歷史文化》，第 380 頁。

狀況，作出多爾袞將不久於人世的判斷。1651 年 1 月，多爾袞病逝。湯若望不失時機地為順治帝選擇了親政日期，為加強清初政權的鞏固效勞，因而深得順治帝和皇太后的信任。為了表示對湯若望的嘉許，是年 9 月，順治帝一天之內加封湯若望通議大夫、太僕寺卿、太常寺卿三個頭銜；1654 年，加封為「通玄教師」；1657 年，賜「通政使司通政使」；1658 年 2 月 2 日，賜「光祿大夫」，為正一品，此後又多次加封。1661 年按清廷慣例加封其祖三代為正一品。

順治帝經常請湯若望到宮中敘談。無須太監們傳喚，也免除謹見時的叩跪之禮。順治帝還打破尊卑上下的慣例，到湯若望所居住的館舍探望。僅 1656 年到 1657 年間，皇帝親臨湯若望住處敘談求教，即達二十四次之多。在朝廷的政治活動中，湯若望也以其德高之勢、在關鍵時刻幾次勸諫順治帝。甚至在立嗣問題上也發揮過重要作用。

順治九年，西藏達賴帶領 3000 喇嘛和大批蒙古族護衛，來北京覲見大清皇帝。順治非常高興，準備親自前往迎候法駕，遭到許多大臣的反對，然而順治仍一意孤行，莊太后只好把德高望重的湯若望請出來勸駕。

湯若望不僅呈上精心撰寫的諫書，而且上朝跪拜面奏皇帝，請他要保持必要的尊嚴，不要遠離京師，以免發生意外事故。順治最終聽取湯若望的意見，派一位大臣前去迎接達賴喇嘛進京。

達賴喇嘛想請順治成為喇嘛弟子，湯若望想到澳門宗教界要他發展順治加入天主教的指示，就極力反對順治接近喇嘛教，認為皇帝與喇嘛應該各行其是，各盡其責。順治接受湯若望的建議，給達賴喇嘛以隆重接待，並答應冊封其為「西天大善自在佛」，使之心願落空。

不久，荷蘭大公派遣使節團來華進貢，順治大喜，命以湯若望為主接待荷蘭使節團。

荷蘭使節團直率地提出了與中國訂立通商條約、在澳門獲得居留權、允許荷蘭加爾文派耶穌會來中國傳教等要求，湯若望考慮到加爾文耶穌會與他所屬一派有矛盾，就勸說順治拒絕荷蘭人在中國傳教，不允許荷蘭人獲得澳門居留權，使葡萄牙、荷蘭、南明王朝三種力量在澳門相互牽制，對大清朝最為有利。

順治對湯若望如此忠於大清朝倍加讚揚，詢問如何對待荷蘭使節團。湯若望提出了「既顧念私交，又無礙大局」的解決方案，即允許荷蘭人，「八年

進貢一次，可附帶小宗貿易」。湯若望以圓滑的手腕，取得了清朝皇帝、荷蘭使節團、澳門當局三方面皆滿意的結果。

二十四歲的順治不久得天花病重不起，但是還沒有確定皇太子，在他生命的最後一刻，特意讓莊太后召見湯若望，就這一事關國家前途的重大問題徵求湯若望的意見。順治提出由他的一個堂兄繼承皇位，湯若望認為子承父位，這是中國與西方國家的通常做法，應該立皇子登極，而三皇子玄燁出過天花，又聰明過人，勤於學習，最為合適。莊太后與之意見一致。於是玄燁便被扶上皇位，此即為康熙皇帝。

3.6 西方漢學之父羅明堅

羅明堅是「傳教士漢學時期」西方漢學的真正奠基人之一。他在對中國語言文字的研究方面，在中國典籍的西譯方面，在以中文形式從事寫作方面，在向西方介紹中國製圖學方面都開創了來華耶穌會士之先，為其後的西方漢學發展做出了重大貢獻。羅明堅於 1579 年 7 月 20 日抵達澳門，到澳門後，他立即按照巡視員范禮安的計劃工作，首先學好中國語言，在念、寫、說三方面平行進展。教授羅明堅的是一位中國未中舉的文人。〔註 11〕由於羅明堅的勤勉，到達澳門二年之後，便認識伍仟多漢字，可以初步閱讀中國的書籍，三年多後，便開始用漢語來寫作了，並能按中國的格律填寫詩歌。還出版中文教義書《天主實錄》。可以說，羅明堅是歐洲傳教士學習漢語的先驅。

羅明堅認為學習中文是傳教士「為歸化他們必須有的步驟」。他在澳門建立了一座傳道所，叫「聖瑪爾定堂」，在這裡，他開始用中文為澳門華人宣教。當時在學的教友有二十人。羅明堅稱之為「經言學校」。這是中國的第一個用漢語來傳教的機構；也是晚明時期中國第一所外國人學習漢語的學校。〔註 12〕

〔註 11〕 金國平：《葡萄牙人在澳門半島「轉運瓴甓椽桷為屋」之過程》，載《澳門研究》第 47 期，2008 年 8 月。

〔註 12〕 費賴之：《在華耶穌會士列傳及書目》，第 24 頁。

3.7　利瑪竇澳門之旅

「泰西儒士」利瑪竇（1552～1610），亦名瑪提歐·利奇，利瑪竇是其中文名字，號西泰、清泰、西江，意大利耶穌會傳教士。明萬曆年間來到中國。利瑪竇是天主教在中國傳教的開拓者之一，也是第一位對中國典籍進行深入鑽研的西方學者。傳播天主教義之外，他還廣交中國官員與社會名流，傳播西方天文、數學、地理等科技知識。其著述對中西文明交流作出了重要貢獻。

利瑪竇翻譯了羅明堅編《新編西竺國天主實錄》，亦名《天學實錄》，這本書第一次系統地向中國人論證了上帝的存在、人的靈魂不朽，和死後進入天堂地獄，善惡必報之天主教教義。《天學實錄》亦最早把星期制度引進中國。此書其後被乾隆皇帝收錄於《四庫全書》，並有蒙、滿、朝鮮、越南及日文譯本。

1582 年，利瑪竇應召前往中國傳教，8 月 7 日抵達澳門。在中國，利瑪竇對完全與拼音文字不同的漢字感到很興奮，覺得不可思議，便萌發了通過漢語著述天主教義來吸引中國人的想法：「練習用他們的語言寫作，作為一種吸引捕捉他們心靈的手段」。

利瑪竇在澳門努力學習漢語，他對中國文明讚不絕口，認為除了還沒有沐浴「神聖的天主教信仰」之外，「中國的偉大乃是舉世無雙的」，「中國不僅是一個王國，中國其實就是一個世界。」他感歎柏拉圖在《共和國》中作為理論敍述的理想，在中國已被付諸實踐。

利瑪竇和傳教士們從西方帶來的聖母像、地圖、星盤、三棱鏡，以及歐幾里德《幾何原本》等各種西方的新事物，吸引了眾多好奇的中國人。尤其是他帶來的地圖，令中國人眼界大開。

1584 年，利瑪竇製作並印行了《山海輿地全圖》，這使中國人首次接觸到了近代地理學知識。利瑪竇亦利用解釋各種西方事物的機會，介紹其天主教信仰。他和傳教士們翻譯了聖經中的《十誡》、《主的祈禱》、《聖母讚歌》，和《教理問答書》，博得了中國人對天主教的極大興趣。他派發的羅明堅撰寫的《天主實錄》這部書，以中文解釋天主教的教義，亦引起了中國人的濃厚興趣。

利瑪竇記憶力超常，為當時眾多中國人所仰慕。於是他用漢語寫了一本《西國記法》，介紹科學的記憶方法。利瑪竇用漢語寫的一部《交友論》，亦獲得了士人們的欣賞。利瑪竇還頗有創意地將《四書五經》與基督教的教義融匯貫通；又成功地選擇刊行過一些適合中國人倫理觀念的西方偉人語錄等，潛移默化地傳授天主教理念。

1589 年夏，利瑪竇所住的西式建築被廣東新任總督據為己有，於是他決定移居韶州。不久又赴南昌、南京傳教。1596 年 9 月 22 日，利瑪竇在南昌成功地預測了一次日食，使其因而聲名大振。同時他編撰了以中文寫成的《二十五言》等新書，得到不少中國知識分子的敬重。

1596 年，范禮安任命利瑪竇為耶穌會中國教區的負責人，負責在中國的傳教活動。而且還從澳門為之送去了許多準備到北京覲見中國皇帝的禮物。利瑪竇因進呈的自鳴鐘、聖經、《萬國圖志》、大西洋琴等方物，而深得明神宗之信任。1601 年，明神宗下詔允許利瑪竇等人長居北京。但中國的朝廷根本沒有注意到，利瑪竇長住北京的目的是為了傳播基督教。之後利瑪竇在北京以豐富的東西學識，結交中國的士大夫，如翰林徐光啟等。徐光啟依照利瑪竇指教改革舊曆，準確地預報了 1629 年 6 月發生的日蝕，首次領略了西洋新知識的價值。利瑪竇又與徐光啟合作翻譯了部份歐幾里德的《幾何原本》。

1610 年 5 月 11 日，利瑪竇在北京去世，終年 58 歲。利瑪竇去世後的兩天裏，弔唁的人群川流不息，其中很多是明朝的官員。人們向這位神父、一個不再是外國人的外國人，也是一位對中國人的思想和感情都具有強烈吸引力的人表示敬意。

四、天主教之「中國化」及其影響

3.8 澳門天主教區之地位

據有關資料，2007 年澳門陸地總面積為 29.2 平方公里，然而這片彈丸之地，單是天主教的主要教堂，就已超過二十間。〔註 13〕也就是說，澳門平均每一平方公里，就有一間教堂。而這二十多間教堂中，過半數皆逾百年歷史，其中望德堂、風順堂和花王堂之歷史均在三百年以上。在澳門二十五個世界遺產的景點之中，即有七個是教堂（或與之相關關之地），佔有率為 35.7%，

〔註 13〕參見：2007 年澳門統計暨普查局資料。

〔註14〕足見澳門教堂地位之顯赫。禁教前，當時澳門較大的教堂有大廟、風信廟、葛斯蘭廟、龍松廟、發瘋寺、板樟廟、唐人廟、三巴寺、小三巴寺、花王廟等，成為了天主教在遠東傳教的基地。

　　澳門天主教聖堂曾兩次毀於火災，1835 年的大火遺跡，亦即現存的「大三巴牌坊」，「大三巴」是葡萄牙語「聖寶羅」的譯音，因教堂前壁遺跡貌若中國傳統的牌坊，故稱「大三巴牌坊」。那原是座葡式教堂，據說有一天，教士在廚房煮東西，不慎起火，所有的木質結構都燒毀了，惟留下這堵大火薰黑的石牆。引人注目的是，在「大三巴」旁邊，有座不夠起眼的哪吒廟。而當時，哪吒廟成了澳門人調謔「大三巴」發生火災之原因。原來，道教神哪吒不能容忍一個洋神仙凌駕於自己頭上，盛怒之下，引火燒了這座洋教堂。

　　澳門擁有眾多西式的天主教堂，其中聖保羅教堂聲名最著。聖保羅教堂建成於 1637 年，是當時東方最大的天主教堂。大三巴牌坊上各種雕像栩栩如生，既展現了歐陸建築風格，又凸顯了東方文化傳統，體現著中西文化交融的特色，被稱之為「立體的聖經」，它是遠東著名的石雕宗教建築。如今，「大三巴牌坊」已經成為澳門的象徵之一，成為了世界遺產的一部分，它的矗立見證了一個時代的遠去，也見證著一個新時代的到來。

　　位於「大三巴牌坊」後之澳門天主教博物館的展室中，陳列有多件宗教藝術品，表現了澳門豐富的傳教歷史。澳門教區首位主教賈耐勞，他創辦了澳門的仁慈堂、聖辣法厄爾醫院（俗稱白馬行醫院）和麻瘋病人收容所（現望德堂一帶）。耶穌會士於 1565 年已在澳門設立會院和開辦書院。天主教會在澳門傳教的同時，亦從事中、小學教育，擁有中小學校與專業學校六十多所，師資近千人。教會還開辦了托兒所、診所、青少年復原所、老弱傷殘院和社區服務機構等。澳門傳教士宣稱，除了傳播基督福音之外，還將攻力於促進科學交流和推崇道德，以科學與道德為教區座右銘。

3.9 「禮儀之爭」與天主教禁令

　　「中國禮儀之爭」肇始於十七世紀初葉，經過近百年的拉鋸反覆，終於在 18 世紀初年全面爆發。爭論的餘波涉及廣泛，延續長遠，對中西方社會都產生了重大影響。禮儀之爭」亦成為澳門歷史上重要的一章。有必要引起重視。〔註15〕

〔註14〕參見：《二零零七年澳門天主教手冊》，澳門主教公署出版。
〔註15〕吳志良主編：《澳門史新編》澳門基金會出版，2008 年版第 16 頁。

　　天主教剛在中國活動之初，明統治集團中就有一派人堅決反對。在沈榷、晏文輝、余懋滋、徐如珂的堅決主張下，明政府於萬曆四十四年（1616），頒佈禁教令，查封教堂，驅逐教士出境。這一事件沉重地打擊了天主教在中國的傳教活動。於是，各地的耶穌會士紛紛被逐回到澳門。後來，禁令稍緩，天主教又發展起來。明朝末年，意大利傳教士利瑪竇來華傳教。他在實踐中摸索出一套行之有效的辦法，即以學術叩門而入，用西方的科學技術、工藝美術引起士大夫直至皇帝等統治階層人物的支持，在天主教教義和儒家學說之間尋找共同點，合儒、補儒，以適合中國習俗的方式傳教。這種傳教方法就是「適應策略」，它是由中國的社會發展程度和國力強盛的現實所決定的。它的核心就是尊重中國文化、適應中國文化，在中國與西方這兩種異質文化中尋找具有同一性之處、由此及彼的契合點。

　　由於多數澳人為華人，信仰以儒、釋、道及民間神祇為主。澳門華人的文化深受中華民族傳統文化和儒家的道德思想所影響。每逢農曆八月二十七日的孔子聖誕，澳門孔教會帶領社會各界華人和學校舉行紀念與祭典儀式。其舉行的儀式採用古制，包括：盥洗禮，迎神禮，奠帛初獻禮，晉祝禮，亞獻禮，三獻禮，受胙禮，送神禮，望燎禮等，儀式由澳門孔教會主持。

　　利瑪竇去世之後，耶穌會內部產生了爭議。羅馬教廷下令禁止中國教徒祭孔、祭祖而發生「中國禮儀之爭」，導致接續的雍正、乾隆、嘉慶朝屬行禁教。圍繞著天主教內對社會祭祖祭孔的行為以及部分教徒以「天」和「上帝」稱呼天主的做法，意見非常分歧，此即所謂「禮儀之爭」。而此一綿互逾百年的事件，不僅牽涉到中西文化間的衝突，更由於教會內部的摩擦以及天主教各海權國家間的對抗等因素，而使得此事的演變更形複雜。十七、十八世紀之交，甚至因此引發康熙皇帝和羅馬教廷間的嚴重爭執，終令天主教招致被禁的命運。

　　一位法國作家後來寫道，天主教在華各修合之間的長期激烈爭執：「在很長一段時間內阻礙了天主教傳播事業的發展。這些教會在剛剛皈依的教民中爭奪勢力，把本來應該更有效地用在唯一的傳教事業上的時間用在了爭論教義和儀式上了，他們還以不同方式相互競爭，如國籍和會籍上的競爭等。」〔註16〕教皇格勒門十一世竟直接插手干預中國內政。於 1704 年 11 月 20 日頒

─────────────────────

〔註16〕衛青心著、黃慶華譯：《法國對華傳教政策》，中國社會科學出版社，1991 年版，第 90 頁。

佈禁約，禁止中國教徒祭祖、祀天和拜孔。次年，12 月 4 日，格勒門十一世派多羅為使節到北京，要求康熙下令，讓中國的天主教徒遵守「禁約」。康熙拒絕了羅馬使節的要求，並下令將他押解至澳門，囚死獄中。

　　教皇格勒門十一世不甘心失敗，又於 1715 年重申禁約，並於 1720 年再次派使節嘉樂到北京。康熙接見了嘉樂及其餘十七位在京的傳教士，向他們當面宣佈：「以後不必西洋人在中國行教，禁止可也，免得多事。」〔註17〕此後，天主教在中共失去了合法地位，嘉樂亦被驅逐出境。其後傳教士潛入中國內地傳教成為非法。

　　雍正繼續推行禁教政策，採納了浙閩總督滿寶的建議，「將各省（傳教的）西洋人除送京效力外，餘俱安插澳門。天主教堂改為公所，誤入其教者，嚴行禁飭。」〔註18〕於是，天主教傳教士的活動便被限制在澳門之內。乾隆之世，中國方面更是三令五申，規定澳門的傳教士之允許在外國人中進行宗教活動，不許在澳門的中國居民中傳教。

　　清乾隆十一年（1746 年），清廷敕令查禁澳門天主教，澳門同知張汝霖發現葡人私設唐人廟，這是由中國教徒主持的教堂，專門吸收中國人入教，影響及於珠江三角洲地區和香山各縣。於是他向朝廷上奏《請封唐人廟奏記》曰：

　　惟澳門一處，唐夷雜處，除夷人自行建寺奉教不議外，其唐人進教者約有二種：一系在澳進教；一系各縣每年一次赴澳進教。其在澳進教者，久居澳地，漸染已深，語言習尚，漸化為夷。……其各縣每年一次赴澳進教名，緣澳門三巴寺下建有天主堂，名為進教寺，專為唐人進教之所。……每年清明前十日，各持齋四十九日，名曰封齋。至冬至日為禮拜之斯，附近南、番、東、順、新、香各縣赴拜者，接踵而至。間有外省之人。至於爾國所奉之天主教。原係西洋各國向奉之教。天朝自開闢以來。聖帝明王。垂教創法。四方億兆。率由有素。不敢惑於異說。即在京當差之西洋人等。居住在堂。亦不准與中國人民交結。妄行傳教。華夷之辯甚嚴。今爾國使臣之意。欲任聽夷人傳教。尤屬不可。〔註19〕

　　請求朝廷將其查封。1749 年，香山縣令暴煜擬定澳門治安條約，刻石頒佈。其中第十二條規定：「禁設教從教，澳夷原屬教門，多習天主教，但不許

〔註17〕黃鴻釗：《澳門史綱要》，福建人民出版社，1991 年版，第 256 頁。
〔註18〕蔣良騏纂修：《東華錄》卷 12，第 41～42 頁。
〔註19〕參見：《英使馬格爾尼來聘案‧掌故叢編》，第 21 頁。

招授華人勾引入教……倘敢故違設教、從教，與保甲夷目一併究處，分別驅逐出境。」〔註20〕

乾隆、嘉慶年間，澳門成爲入內地傳教的教士接引聯絡的津梁，不斷有中國內地的天主教徒，從澳門接引西洋教士潛入內地傳教。據 1810 年統計，當時有三十一名歐籍教士在中國內地的十六個省秘密活動，招收教徒 25.5 萬。〔註21〕而澳門在 1830 年估計有 6090 名中國教徒，其中有七名中國神父。〔註22〕此舉亦間接促進了西方漢學的發展，爲啓蒙時代注入了東方的精神食糧。

3.10 入選世界記憶名錄

如今「天主教澳門教區檔案文獻」，已成功入選亞太地區世界記憶名錄。此即表明澳門歷史、文化之學術價值已爲國際世界認同。據悉，「世界記憶工程」亞太區「世界記憶名錄」分三級，包括世界級（全球有一百九十二項入選）地區級（亞太區有四項入選）及國家級。經評委會嚴格甄選，中國內地的《本草綱目》、《黃帝內經》，斐濟《印度勞工合約文獻》、蒙古《蒙古的黃金時代》、新西蘭《東京戰犯審訊一九四六至九四八》、菲律賓《總統文獻》、越南《進仕提名碑》及澳門《天主教澳門教區檔案文獻（十六至十九世紀）》共八項，入選世界記憶名錄。

天主教澳門教區的文獻遺產，內容包括十六至十九世紀的正式記錄和個人通信、培訓教材、書籍、期刊乃至領洗、婚姻、喪葬記錄等，是研究澳門歷史文化的重要文獻。

五、澳門基督（新）教

3.11 澳門基督教信仰

繼天主教之後，基督教（新教）由馬禮遜傳入澳門。伊斯蘭教、巴哈伊教、瑣羅亞斯德教、摩門教、基士拿教等亦紛紛在澳門「落戶」。基督新教亦以澳門爲踏足中國的第一站，英國倫敦傳道會的傳教士馬禮遜於 1807 年來到澳門，開始了基督新教在中國的宣教歷史。

據有關統計，澳門現有基督教教會三十多所，比較著名的有聖公會聖馬可堂、白馬行澳門浸信會、志道堂和宣道堂。各個教會的行政、經濟獨立，其中的浸信會與宣道堂影響最大。

〔註20〕印光任、張汝霖：《澳門紀略》，上卷，《官守篇》。
〔註21〕《中國叢報》，1833 年 3 月，第 444 頁。
〔註22〕《中國叢報》，1834 年 11 月，第 300 頁。

主要的基督教組織和機構有：澳門基督教聯會、澳門學園傳道會、澳門讀經會、澳門福音事工中心和澳門基督徒協會。澳門受洗的基督教教徒共約伍仟人，信奉基督教的主要是中國人。基督教會對教育和福利事業亦十分熱心，開設福利機構七間，小學七所，中學參所，學生合計三千多人。基督教在澳門的歷史和影響不如天主教，但它的教派甚多，而且自立門戶，獨樹一幟，如「新使徒教會」、「穌基督末世聖徒教會」。

澳門兩間最古老的華人新教教會，分別是中華基督教會志道堂和澳門基督教浸信會（又稱白馬巷浸信會），兩間教會約有一百年的歷史。

圖片來源：田若虹攝於澳門

圖片來源：吳志良等：《澳門編年史》1821 年建成的基督教墳場

聖公會維多利亞教區 1898 年於澳門展開工作。1902 年，香港華人聖公會地位確立，管轄範圍包括澳門，該教區已成爲香港聖公會澳門傳地道區。1938

年澳門聖馬可堂成立；1981 年，港澳教區東亞議會主教院確認港澳教區之主教爲首位華人鄺廣傑主教。其名義上亦出任維多利亞主教。耶穌會在澳門曾經有著絕對的地位和不可估量的影響力，澳門擁有大量體現耶穌會活動的寶貴文獻，所以澳門宗教研究的主要成果集中在耶穌會。

3.12 澳門耶穌聖像巡遊

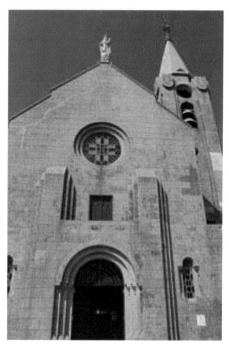

苦難耶穌聖像巡遊是一個基督教的重要紀念儀式之一。澳門自十六世紀設立澳門教區以來，便一直繼承這個傳統。這個儀式是模擬當年耶穌背著十字架及用走苦路來默想耶蘇受苦、受辱和慘死之事。巡遊歷時兩天，第一天，背負十字架的苦難耶穌聖像從崗頂前地的聖奧斯定教堂出發，被迎到主教座堂，聖像留在主教座堂接受祝禱；第二天，由教士們擡著苦難的耶穌基督在苦路公拜，行程設七個站，在每一站都設有紀念苦路的儀式進行，最後便是耶穌受審、被釘十字架到安葬。

座落於澳門半島南部風順堂區的「崗頂前地」，古稱磨盤山，2005 年爲澳門歷史城區的部分，被列入世界文化

圖片來源：田若虹攝於澳門聖若瑟修院及聖堂

遺產名錄。「前地」面積不大，卻擁有豐富的歐陸色建築文化與宗教景觀。其中的聖若瑟修院大樓及聖堂、崗頂劇院、何東圖書館、聖奧斯定教堂均列入世界文化遺產之內。

聖奧斯定教堂，俗稱龍嵩廟、龍鬚廟、崗頂聖堂，位於崗頂前地的教堂。此教堂由奧斯定會之修士在崗頂興建，初建時，由於以棕櫚樹葉作頂，風吹時看似龍鬚飄飄，故被稱爲龍鬚廟，後被改成龍嵩廟。教堂的主堂和聖器室坍塌，於 1875 年教堂由葡萄牙進行重修，採用歐洲文藝復興時期的古主義設計，內部裝飾爲巴洛克風格，遺留至今。

每年四旬期的第一個周末，供奉在聖堂的耶穌受難像會被運到大堂；第二日搬回，俗稱「出大耶穌」。其爲澳門重要的宗教活動之一。

3.13 馬禮遜無聲傳教之策

澳門也是基督新教在中國的第一站。嘉慶十二年 8 月，英國倫敦傳道會派到中國大陸的第一位基督新教傳教士馬禮遜（1782～1834），從此展開了基督新教在中國的宣教歷史。馬禮遜在華的二十五年，在開創近代中西文化交流史上，成就斐然，影響巨大。現今位於澳門白鴿巢的新教墳場即是馬禮遜前妻及早夭幼子的墓〔註23〕。

馬禮遜在譯經、編字典、辦刊物、設學校、開醫館、印刷出版等方面皆有首創之功。馬禮遜的大量譯經工作是在澳門完成的。他將中文《聖經》首次全譯為中文並予以出版，使基督教經典得以完整地介紹到中國。《聖經》中文全譯本的完成，搭起了中西文化、語言交流的橋樑。其譯文將原文的精髓與情感完整地傳達出來，文筆流暢，通俗易懂。更難能可貴的是，在譯經中，他創立了一套新的宗教術語，諸如「天國」、「弟兄」、「福音」、「使徒」等。為其後新教徒從事經書的漢譯提供了藍本。

聖經的題材、人物、主題及文體等，亦對中國近現代文學產生了深刻影響。周作人在《聖書與中國文學》中指出：「現代文學上的人道主義思想，差不多都從基督教精神出來，又是很可注意的事。」老舍把《新約》中的《啟示錄》視為十分重要的文學書，他崇尚基督的與人為善、拯救世人的精神。蕭乾始終認為《聖經》是一部了不起的大書，並深深景仰耶穌。

《聖經》在中國的翻譯出版，直接催生了中國近代出版業的發展。尤其是它對基督教在中國的傳播產生了重要影響。在當時中國嚴禁傳教士布道的情況下，《聖經》的譯本和其他宗教小冊子，成為了在華傳教士傳教布道的一種重要方式。馬禮遜因之被稱為「無聲傳教」的文字傳教策略。

選擇印刷出版之手段，亦為西方對華傳教之策略，馬禮遜創辦的《察世俗每月統紀傳》（1815～1821）為第一種中文月刊，在中國報刊發展史上位居首尊，它的成功創辦，開啟了中國近代報業的先聲，繼其之後才有《特選攝要每月統記傳》、《天下新聞》、《東西洋考每月統記傳》等中文期刊的創辦。

〔註23〕馬禮遜夫人：《馬禮遜回憶錄》，第 304、308 頁，引自《澳門編年史》，第 3 卷，第 1494 頁。

　　馬禮遜亦爲《中國叢報》的創始者，與前期重要的撰稿人。據統計，僅
1832 年到 1834 年馬禮遜去世前短短幾年間，他爲《中國叢報》撰稿達 97 篇，
內容涉及中國的政治、法律、語言、文學、人口、自然、物產、哲學、宗教、
對外關係等方面。

錢納利 1830 年繪的馬利遜翻譯聖經圖

　　《叢報》豐富的內容，爲近代歷史及其專門史的研究提供了珍貴的文獻
史料。

　　馬禮遜在澳門創辦的「英華書院」（1818～1856），是近代傳教士開辦的
第一所中文學校，他招收華僑子弟前來就讀，以培養中國的教牧人才。校內
以中英文施教，課程設神學、數學、歷史、地理等，馬禮遜曾任該院牧師。
傳教士在中國辦學，爲日後創辦基督教大學積累了寶貴的經驗，是一種跨文
化的教育事業，對中國近代教育的發展影響深遠。

　　1820 年，馬禮遜與東印度公司醫生在澳門開設了眼科醫館，首創醫藥傳教的方式。他聘請中西醫師，以免費醫療服務作爲傳教的媒介。六年之後，又在廣州增設了一家眼科醫院。

　　1834 年年初，馬禮遜在日記中寫道：「最近以來我的健康狀況每況愈下」。同年 7 月 16 日，律勞卑爵士一行官員抵達澳門。他向英僑宣讀了英國國王的諭旨和任命書，馬禮遜由英王任命爲英國首任駐華商務監督的秘書兼譯員，官銜爲副領事。從 7 月 17 日到 7 月 29 日，馬禮遜帶病隨律勞卑爵士到廣州與中國官員談判，同年 8 月 1 日，他在廣州病逝，遺體由其子馬儒翰以及摯友喬治‧羅賓遜勳爵運回澳門。享年五十二歲。許多在澳門的歐洲人懷著悲傷的心情參加送葬。與他直接有聯繫的宗教團體，特別是倫敦傳道會，都舉行了追思禮拜以紀念他的豐功偉績。

六、澳門佛教與其它外來宗教

3.14 淵源流長的澳門佛教史

　　從漁村變爲殖民地商埠的澳門文儒不多，主要流傳的是佛、道及其民間傳統信仰。佛教傳入澳門香山，有記載的歷史最早可溯至唐、宋時代。位於香山縣的「西林庵」，祭祀的是十世紀末的北宋淳化元年圓寂的園明禪師。宋朝以後數百年，香山地區佛教日益發展，從至今尚存的元興寺、翠竹庵、西竹庵的老牆殘垣中，人們依稀可見十三、四世紀當年旺盛的香火。從元末至明中，因戰亂、人禍、香山澳門地區佛教一落千丈，佛宇寺廟幾乎毀滅殆盡。直至明末天啓、崇禎年間，方始復興。

　　佛教自東漢明帝永平十年（公元 67 年）從古印度傳入中國，經三國兩晉到南北朝四、五百年，佛經的翻譯與研究日漸發達，到了隋唐便產生天台、華嚴、唯識、禪宗、淨土、密宗等具有中國特色的許多宗派。澳門佛教主要有禪宗和淨土宗兩大派別。近代在澳門流行最盛的「禪宗」，從「普濟禪院」存留的碑刻，即可知其屬於禪宗「南禪曹洞宗」一派。四十年代的廣東高僧虛雲大師，五六十年代的原南華寺高僧觀本法師先後來過澳門弘法。澳門「淨士宗」的創始人是 1928 年受戒於杭州昭慶寺的智圓法師。1960 年，智圓法師將位於氹仔西沙的「菩提禪院」收購後，加以擴張。使這間有百年歷史的「菩提園」成爲當代澳門「淨士宗」最重要的法場。

佛教在澳門有著不同的組織。抗日戰爭時期，若虛和尚將佛教密宗傳到澳門，在大山巴建梅花精舍，傳授密宗佛法。當時，澳門大三巴設「梅花精社」傳授密法。近幾十年，隨著亞洲僑民不斷進入澳門，其他亞洲佛教宗派也向澳門發展。二十世紀八十年代，日本新興的佛教團體日蓮宗的「創價學會」（原名創價教育學會）從香港傳到澳門。其中一個主要途徑是派遣日語教師到澳門東亞大學授課。

日蓮宗由日本佛教僧人日蓮 1222～1282 年創立，主張以美、利、善為價值取向。信徒多為旅澳日僑。1992 年，日蓮宗創價學會會長池田大作被授予澳門大學榮譽博士學位，象徵創價學會在澳門得到肯定。二十世紀八十年代，隨著跳過旅居澳門人士的增加，流行於東南亞泰國的小乘佛教「四面佛」信仰悄然在澳門華人中興起。澳門半島新口岸國際中心內部和氹仔賽馬會門前廣場和氹仔菩提園，都建有一座四面佛像供人崇拜。四面佛笑容可掬，給過往觀眾留下了深刻印象，吸引了不少華人禮拜。

澳門居民信仰佛教的人數最多，據 1993 年統計，佛教徒有 59699 人，當時的人口總數為 355693 人。占人口總數的 16.8%，而信仰天主教的人數占人口總數的 6.7%。〔註24〕澳門華人以佛教信仰為主。天主教徒次之，基督教徒第三。在蕞爾澳門 21.45 平方公里的面積上，卻矗立著四十多間廟宇（不包括土地廟神舍），二十多座教堂，每平方公里平均「兩廟、一堂」。其中媽祖閣、觀音廟、蓮峰廟三大古剎，歷史均在三百年以上。澳門人中尤其以供奉觀音、天后和關公最為普遍。主要的佛教寺院有普濟禪院、蓮峰廟、菩提園、竹林寺，和功德林等。

大慈大悲觀世音菩薩信仰早已深入人心，是大乘佛教實踐的化身。在澳門，多數佛寺都供有觀音，而主供觀音寺廟不少。如在氹仔島有分別建於1871、1902 年的觀音岩廟、觀音堂；在路環島有分別建於 1839、1881 年的觀音古廟、觀音廟；還有建於清道光年間的旺廈山上的觀音古廟等。處於西方殖民統治下的同胞，盼望觀音循聲救苦，是十分自然的事。

澳門宗教亦常常呈現出多神雜糅的現象。如佛廟普濟禪院主要供奉觀音，但也有天后殿、關帝殿等道教神祇，媽閣廟內也設有觀音殿。而蓮峰廟除了供奉觀音和媽祖外，還有諸多地方神靈，如：神農大帝、醫靈菩薩、華

〔註24〕參見劉先覺、陳澤成主編：《澳門建築文化遺產》，東南大學出版社，2005 年版。第 61～62 頁。

光大帝、文昌帝君、神醫華佗、沮誦、倉頡、金花娘娘、豆母元君、唐三藏法師和玄奘師徒，以及六十太歲等。無奇不有、無所不包。如此光怪陸離的神佛雜陳，體現了澳門人神佛信仰的實用主義立場。

3.15 石濂大汕與普濟禪院

澳门普济禅院太祖师石濂大汕

大汕（1633～1705）字石濂，亦作石蓮、石湖，號廠翁，亦號石頭陀。俗姓徐，江蘇吳縣人。大汕交遊廣闊，經常出入官紳、士人中間，與屈大均、陳恭尹、梁佩蘭、吳梅村、陳其年、高士奇、王士禎等名流都有交往。

普濟禪院的祖師堂內供奉著大汕和尚的畫像。據說他是普濟禪院的祖師。澳門普濟禪院《西天東土歷代祖師菩薩蓮座》以石濂大汕為本寺「太祖太老和尚」。大汕出家不忘民族大義，是位民族志士。他以反清為己任，曾以僧人身份為掩護，從事反清活動。同時他又長於詩詞。與屈大均等當時一些社會名流時有唱和。

在大汕本人的文字中，「澳門」二字始見於其《渡江雲》一詞中。這首詞題為《安南書聘》，則大汕於越南招聘南行時，航海曾經過澳門。詞曰：「羈縻荒服國，版圖曾定，航海便風潮。澳門帆掛入，嶺去分笳，土地頗豐饒。曾通短箚，在前王、未及新朝。那知道，臭名猶在，書聘竟相招」。〔註25〕

位於望廈村的普濟禪院，又名觀音堂，因供奉觀音菩薩而得名，在昔日望廈村的東面。《香山縣志》云：「普濟禪院在澳門望廈村。」普濟禪院是澳門三大古剎之一，建於明朝末年，規模宏大、歷史悠久、佔地廣闊、建築雄偉。在望廈村的西面，原有一所觀音古廟，是土著村民所建，規模較小，每逢觀音誕辰，只許本地村民膜拜，排擠外地信眾，因此當時居澳的福建籍人士便發起建成比原古廟更為軒昂的觀音堂。觀音堂建成後，三百多年來，幾經擴建，終於發展為規模巨大、莊嚴宏偉的普濟禪院。

禪院殿中供奉著三寶佛像，皆為丈八金身，佛像莊嚴。主殿觀音殿中供奉觀音大士蓮臺，樟木雕塑。十八羅漢分列兩旁，雕工精美，造型副真，有好事之人傳說左邊第一尊羅漢乃是意大利航海家馬可波羅。禪院內進的前廳掛有一幅畫像，人稱「大笑佛」，無論從任何角度欣賞畫像，佛相均咧嘴而笑。

〔註25〕姜伯勤：《石濂大汕與澳門禪史》，學林出版社，第 402 頁。

觀音殿是禪院的正殿，每逢觀音誕期，殿內香火鼎盛，善男信女絡繹不絕。禪院後面是花木幽靜的花園，堪稱寺廟與東方園林合二爲一的典範，當之無愧地成爲澳門八景之一。普濟禪院於石桌後方立一亭一碑，記述了在這後花園中的花岡石桌、石凳上簽訂的中美第一個不平等的《望廈條約》這一沉痛的歷史。

碑文爲當時流寓澳門的南海陳越所撰，內稱：「蓋自鴉片戰爭，國事日蹙。白人航海紛來，以互市傳教爲緣，行侵權略地之計。以強凌弱，以眾暴寡。所訂約類不平等，如關稅協議，領事裁判權、內河航行，沿海貿易，租界及租借等地，莫不背理傷道，伸己而屈人。惟中美條約較罕，詞氣較平，其性然也。」〔註26〕

碑文鑒於當時美國在國際反法西斯陣線中的地位和美國總統羅福思的國際威望，受國內一部分人親美情緒的影響，遂對於「望夏條約」作了不符合歷史事實的評價。

「望夏條約」簽訂於道光二十四年（1844），由於這一條約的簽訂，媽祖閣碑刻多出了兩首詩。一首是潘仕成的五絕：「欹石如伏虎，奔濤有怒龍。偶攜一尊酒，來聽數聲濤。」《澳門日報》總編輯李鵬翥評曰：難得他將恥辱忘記得如此乾淨，將詩寫的如此閒適。

黃恩彤詩云：「蒼山峨峨，碧海回波。仗我佛力，除一切魔。」詩中此「魔」，非赤髮綠睛之夷人，而是其抵粵以來，

中美望夏條約在此石桌簽訂

極端仇視的反抗侵略者愛國行動的粵中百姓。黃恩彤屢次追隨耆英簽訂賣國條約，抑民媚外，無所不至，可謂魔障深矣。

禪院有一座明朝崇禎五年（1632）鑄造的古鐘，爲澳門現存唯一一座明代古鐘，從1632年到現在，鐘聲已在這裡迴蕩了三個多世紀。〔註27〕

〔註26〕章文欽：《澳門歷史文化》，中華書局，1999年版，第179頁。
〔註27〕劉托：《濠鏡風韻——澳門建築》，文化藝術出版社，2005年版，第99頁。

　　普濟禪院奉大汕爲太祖師，其時間順序應在 1662 年屈大均遊澳門普濟禪院及 1698 年成鷲離開普濟禪院之後。〔註 28〕

　　1696 年，大汕回廣州後，出鉅款修建了廣州長壽寺、清遠峽山寺，同時擴建了澳門普濟禪院。澳門普濟禪院祖師堂，是專門紀念禪院開山祖師大汕和尚的內堂，堂內懸掛著大汕的自畫像，畫中法師長髮披肩，目光坦蕩。兩旁的對聯「長壽智燈傳普濟，峽山明月照蓮峰」，道出了他的傳法業績，也透露出這些寺院之間的密切關係。〔註 29〕人們將大汕視爲開山祖師，尊崇備至。

　　大汕之重修普濟禪院，其意義不僅在於使這一澳門的最古老寺院有了遠勝昔日的規模，更重要的是，在十七世紀末中西文化交錯雜陳的澳門，通過對普濟禪院的重修，使這一具有中國傳統風格的寺院成爲堅持和保存中國文化的陣地，同時也成爲明末清初具有抗清思想的文人士大夫的雅集之所。

　　在十七世紀末的澳門，西方天主教正通過這裡傳向中國內地。此時的澳門，教堂林立，教士聚居，教徒紛雜。中西文化相互交錯、相互矛盾、相互融合，西方教堂與東方禪林並列雜陳，中華文化受到了巨大的挑戰與衝擊。在這個時候，大汕重修普濟禪院，猶如樹起了一座中華文明的豐碑，對於中國文化的保存與發揚有著不可估量的重要意義。〔註 30〕

　　重修之後的普濟禪院，同時也變成了不肯降清的明末遺民文士的聚集地。傭叟在《澳門雜詩》中說：明末諸遺老多爲澳門之行。而來澳門，又多居於普濟禪院。現在，普濟禪院中仍存有跡刪的草書屏條、天然函罡的行書詩軸、澹歸和尚的《丹霞日記》和行書條屏、羅岸先畫的《米南宮拜石圖》、黎簡的行書對聯，和隸書中堂、陳恭尹的詩幅等等，以及高劍父、關山月等名家或高僧的書畫作品。正如姜伯勤先生所說「普濟禪院在三個多世紀中，成爲了在澳門這個中西文化雜陳的都市中保存和展示中華文化的中心地，這與大汕的貢獻是分不開的」。

3.16 澳門其他外來宗教

　　在澳門，除了天主教、新教、伊斯蘭教、佛教、媽祖等主流信仰以外，還有諸如瑣羅亞斯德教、巴哈伊教、摩門教、基士拿教等等，此外還有華人龐雜的自然崇拜、民間崇拜等不同種類的宗教，如土地、財神、社神、福神、

〔註 28〕 姜伯勤：《石濂大汕與澳門禪史》，學林出版社，第 4 頁。

〔註 29〕 鄭煒明、黃啓臣：《澳門宗教》，澳門基金會，1994 年版，第 17 頁。

〔註 30〕 姜伯勤：《大汕大師與禪宗在澳門及南海的流播》，《文化雜誌》第 13、14 期，澳門文化司署出版，第 131 頁。

太歲、朱大仙、三婆神、洪聖爺、水上仙姑、悅城龍母、華光大帝、魯班先師和華佗先師等。

伊斯蘭教（國教），與天主教一樣，在澳門有四百多年的歷史，十六世紀澳門開埠時，亞非地區的阿拉伯人將伊斯蘭教引進澳門（或曰，明代以前由波斯商人傳入澳門）。曾一度興盛。後來隨著澳門貿易地位的衰落，阿拉伯商人離去，信仰伊斯蘭教的人大幅減少，目前有伊斯蘭教徒約數百人，其組織為「澳門伊斯蘭會」。回教，十六世紀澳門開埠時，亞非地區的阿拉伯人將回教引進澳門，其亦盛極一時，後來隨著澳門貿易地位的衰落，阿拉伯商人漸漸離去，信仰回教的人數便大大減少。巴哈伊教，在宣教運動中也選中澳門為傳教地區之一。

巴哈伊教於 1930 年傳人澳門，五十年代以後，始於澳門流傳。因其創始人侯賽因·阿里（1817～1892）自稱巴哈安拉（意謂「安拉的光輝」）而得名。巴哈伊教的傳教先鋒是來自美國的弗朗西斯·希拉女士。她 1953 年 10 月來澳，年底，與另外一對美國夫婦定居澳門開始傳教。到次年四月，信徒已發展到十多人。他們從屬於美國的教會組織——美國巴哈伊總靈體會亞洲傳教委員會管轄。巴哈伊教在臺灣、港澳皆有都有相應的地方總會。1982 年，澳門的巴哈伊教正式向澳門政府註冊。1989 年，澳門巴哈伊總靈體會成立，作為國際性宗教的一個分支，它隸屬巴哈伊教會的最高行政機構「巴哈伊教世界正義院」管理。〔註31〕巴哈伊教義的三個核心原則為：上帝唯一，宗教同源，人類一家。此外，巴哈伊教教義還主張推廣一種共同的世界語，成立一個公正的國際裁判所解決國際糾紛。巴哈伊教強調靈魂不滅，特別注重倫理、道德教育。

目前，澳門還有澳門、氹仔、路環和漁民社區四個地方靈體會，都歸澳門巴哈伊總靈體會管理。巴哈伊教入教無需舉行特別的儀式，只要當眾宣佈自己信仰該教，並在登記卡上簽名即可完成入會手續。據其網站介紹，現在澳門的巴哈伊教徒人數大約在 3000 左右。

摩門教是基督教的一個新派別，但被視為異端，其本名為「耶穌基督末世聖徒教會」。二十世紀八十年代中期以後，摩門教由香港傳入澳門，開設教堂，傳播教義。

瑣羅亞斯德教在中國古籍中稱「襖教」、「拜火教」、「波斯教」等。早在十八世紀即由葡萄牙人引進澳門。曾對澳門的發展有過一定的影響。澳門至今還

〔註31〕參見王巧瓏：《澳門的社會與文化》，新華出版社，1999 年版。第 128 頁。

有一條稱爲白頭馬路的街道。因爲該教祭司皆白布裹頭，身著白袍，死後埋葬處就叫白頭牧場，旁邊之街道即稱白頭馬路了。故該教亦稱「白頭教」。〔註32〕

基士拿教源於印度，信仰婆羅門教和圍陀哲學，相信輪迴與再生。此外，新世界會社、新使徒教會、阿南達瑪迦等亦紛紛「落戶」澳門。同時新興宗教的國際基士拿知覺協會、日本的神慈秀明會、澳門創價學會等，亦都有在澳門活動，只是規模、影響相對小於主流宗教。

在澳門，中西之間的宗教衝突乃至「宗教戰爭」並非絕對沒有，但是，宗教之間各得其所，彼此相容、相融是其主旋律。

七、澳門道教

3.17 道教澳門香山說

道教約於魏晉時傳入了澳門，《香山縣志》中，有一則漢魏時期陳仁嬌仙女的傳說，提及名爲「仙女澳」的地方，亦即現今大橫琴島。大橫琴島與澳門僅一河之隔，而仙女是道教對女神的稱呼，佐證了三世紀時，道教已傳入廣東香山說。

亦有學者考證，道教傳之澳門可溯至明朝成化年間（1465－1487年），距今已有五百餘年歷史。現今澳門之道教文化除媽祖信仰及其紀念活動之外，還包括道教廟宇、全眞派壇堂，和正一派散居道院。與道教有關的建築共三十三處，如三巴門的呂祖仙院、醫靈廟內的天師殿和濟公殿等。〔註33〕至宋代，澳門地區的道教已有了較大的發展。據《香山縣志》，當地在宋代已建有多座道教廟觀。元明清三代，當地的道教進一步發展，香山縣城拱北街的太清道觀和北帝廟，對道教在澳門的傳播起過十分重要的作用。澳門地區的主要道觀還有：蓮峰廟、蓮溪廟、康公廟、譚公廟和哪吒古廟。

其中蓮峰廟：位於澳門提督馬路和關閘橫路交界處，初建於明朝。古名天妃廟。主要供奉天后娘娘。蓮峰廟又是澳門三大禪院之一，掩映於高大蓊鬱的古柏蒼松之中，披翠戴綠，秀美迷人，尤其是日落時分，夕照落霞、煙林暮景與古刹蓮峰交相輝映，更成一絕。蓮峰廟前臨珠海，北倚蓮峰山。蓮峰山在澳門人心中算得上風水寶地。

〔註32〕參見黃鴻釗：《澳門史》，福建人民出版社，1999年版。第505頁。
〔註33〕參見華方田：《澳門普濟禪院的開山祖師大汕》；轉引自邱鳳俠等：《臺港澳宗教現狀》，《宗教與世界》2010年第6期。

圖片來源：劉先覺、陳澤成主編：《澳門建築文化遺產》

　　據《香山縣志》記載：「……盡處有山拔起，如蓮萼舒卷，名蓮花山。下有天妃廟，北有馬交石，稍南有望廈村……」因爲澳門人素有愛蓮之傳統，將澳門視爲「蓮花寶地」，也常常以「前迎鏡海，下枕蓮峰」而倍感自豪，因而蓮峰廟所處之地理位置，可謂獨得澳門勝境。

　　蓮峰廟原名天妃廟，據考原係明代一座荒祠，有僧人在此爲人消災去疾，因藥到病除而靈德享譽四方，信者甚眾，且廣得金銀布帛施捨，日積月累，積腋成裘，故建成此廟。廟成之後，香火甚旺，數百年不衰。踏進廟門，可見天妃端莊而坐，雍容華貴，狀如媽祖；其後爲觀音殿，供奉著大慈大悲的觀音菩薩；左側爲關帝殿，供奉著三國時期蜀國名將關羽，配祀關平、周倉；右爲仁壽殿，奉祀著神農始祖；在觀音殿後是文昌殿，供奉著文昌帝蒼頡，文昌殿後供奉著金花娘娘和痘母娘娘，她們是產婦嬰兒的保護神。蓮峰寺廟內同時供奉著觀音、關帝、天后等人們崇拜的偶像，佛、神、人和平共處，各自的信徒也都相安無事，顯得十分特別。這種儒釋道三種文化渾然天成，可能只有澳門才存在的現象，實在是處於特殊地理位置、有著特殊歷史際遇的澳門中西文化融會貫通的最好例證。

　　觀音古廟，位於美副將大馬路，建造於 1867 年，是一座佛道混合的廟宇。該廟比普濟禪院的規模小，故又俗稱觀音仔廟。該廟一側爲城隍廟，裏面供奉著城隍洪聖大王和張王爺。這位張王爺就是晚清名臣張之洞。由於張之洞力主對葡人採取強硬態度，保護了村民的利益，深受望廈鄉民的景仰，故在

建造城隍廟時，將其祀奉入廟，在世就被人塑像崇拜。〔註34〕

　　譚公廟，位於路環街尾，建於清代，路環香火最盛的廟宇。主要供奉譚仙。廟內置有一艘由鯨骨雕製而成的龍舟，據說摸過鯨骨會行好運，故善男信女進香後必順便摸一下龍舟。

1860 年建成的澳門「康公廟」
圖片來源：劉先覺、陳澤成主編：《澳門建築文化遺產》

　　蓮溪廟，始建於清朝道光年間。該廟以其所在之地爲名。澳門地形，宛似蓮花，故稱蓮島。由大陸通澳門之路被視爲蓮莖，莖盡處有山拔地而起，名爲蓮峰，蓮峰之南，昔有溪水一道，稱作蓮溪。因廟建於溪水岸邊，故稱蓮溪廟。廟內供奉華光大帝、北帝、財神、文昌等道教神仙。

　　康公廟，位於十月初五街，內正殿供奉康公眞君，即漢代將帥李烈。因保國有功，受封爲康公。同治七年，翰林院編修香山人曾望顏「乞假南歸，復經澳地」，應邀撰《澳門創建康眞君廟碑記》勒石嵌於廟殿之壁。〔註35〕

　　哪吒古廟，位於柿山，據稱該古廟二百餘年，一坊香火，闔澳參拜，地傑神靈。〔註36〕澳門地區的道教團體主要有雲泉仙館、信善壇等。雲泉仙館乃抗戰時期黃豫樵及何海科等道侶避亂於澳門時所建，1940 年呂祖寶成立西

〔註34〕參見劉先覺、陳澤成主編：《澳門建築文化遺產》，東南大學出版社，2005 年版，第 253 頁。

〔註35〕吳志良等：《澳門編年史》，第 4 卷，第 1792 頁。

〔註36〕吳志良等：《澳門編年史》，第 4 卷，第 2071 頁。

樵山雲泉仙館旅澳同門聯誼處，澳門雲泉仙館於 1965 年正式註冊成立。信善壇道教協會，亦於 2001 年註冊成立，目前已成為澳門特別行政區合法的註冊團體。

　　澳門的民間信仰包括：浴佛節、土地、財神、社神、福神、太歲、朱大仙、三婆神、洪聖爺、水上仙姑、悅城龍母、華光大帝、魯班先師和華佗先師等。如；澳門之「浴佛節」，又稱「佛誕日」，是為慶祝佛祖釋迦牟尼誕生日而設立的。佛教傳說，農曆四月初八為釋迦牟尼的出生日，這一天，當釋迦牟尼出生時，澳門有九條龍口噴香雨，洗浴佛身，故亦稱此日為浴佛節。很久以來，澳門居民就對這一節日非常重視，澳門回歸後，特區政府將這個節日訂為公眾假期。澳門過浴佛節，除了佛教團體舉行法會外，一些非宗教的民間社團要舉辦盛大的慶祝活動，如舞醉龍、路環光輝四月八、佛誕祈福照萬家等。居民可透過不同的活動，感受傳統節日的歡樂和佛誕的祥和。

3.18 澳門道教科儀音樂

　　據中新社澳門記者報導，6 月 11 日中國文化遺產日，中國文化部港澳臺辦主任董俊新在澳門出席一項活動時宣佈，澳門申報的三個專案被正式列入國家級非物質文化遺產，其中一項即為「澳門道教科儀音樂」。

　　道教音樂是道教法事儀式中運用的音樂，也是民族傳統音樂的組成部份。澳門完整地保留了昔日嶺南正一派及全真派科儀音樂。澳門道教科儀音樂兼融全真和正一兩派的風格，這種兩派共融的現象，成為了澳門本土特色的宗教音樂。

　　正一派和全真派在科儀上各有特色，正一派散居道士的科儀是澳門道教科儀的主流。而散居道士所進行道場科儀中有正一派的科範，也有全真派的科儀，這是澳門道教科儀的一大特色。

　　至今澳門保留昔日嶺南正一派及全真派科儀音樂道曲共約 500 多首，在各地道教科儀音樂中，其曲目數量之多名冠前列。

　　道教自創教起，就繼承了「巫以歌舞降神」的傳統，並在宗教儀式中不斷吸收帝王廟堂儀典音樂和民俗祭神音樂，以豐富自己。長期以來，從事道教的音樂家們不斷吸收和創造，逐步形成了以表達神仙信仰為核心內容的道教音樂。

　　由於各地語音的差異，誦唱經文以各地的音樂為主。各地的道教音樂大多具有強烈的地方特色，同時因道教音樂是為宗教儀式服務的，其內容亦都具有濃厚的宗教色彩。道教音樂在繼承和創作的過程中，還吸收了宮廷和祭

祀音樂的表現形式，以增加道教音樂莊嚴肅穆的氣氛。道教音樂隨其科儀活動而進行，無論是船居喜慶婚壽或是陸上齋醮，都會有音樂相隨。直到二十世紀上半葉，澳門仍不乏這類表現形式。

清末民初，不少火居道士（即有家庭妻兒的道士）從廣東省順德縣、中山縣或珠海縣移居澳門，廣東道教科儀及音樂亦由此從珠江三角洲地區傳至澳門，帶回到澳門的壇堂。澳門道教科儀以正一派散居道士為主流，並融合了正一派及全真派科儀，正一派行儀以漁民信眾為主，而全真派科儀以城市信眾為對象，它們分別在漁村及城市各自發展。

二十世紀四十至六十年代，澳門漁業興盛，漁民喜慶嫁娶，新船入夥，酬神及葬禮，陸上廟宇恭賀神誕，舉行中元法會，或居民紅白二事等，都禮請火居道士行道場。如周貫一道長所編之「醮果」一書，撰錄了多篇漁民因風告許天醮開光；拖船因遇風平安酬天醮；遇石撞穿船底平安酬恩建醮；及海面貿易遇賊平安酬恩建醮的榜文。

其中在拖船因遇風平安酬天醮榜文曰：「信等江湖泛宅，網罟營生，駕一葉之扁舟，直逾南海，破千尋之巨浪，幸借東風，詎料逢日逢某某之辰，渡過某某之海，天愁地慘，風卷雲飛，夥伴倉惶，向虛空而吁，懇帆檣宇穩，荷神聖以扶持……」

為神像開光榜文云：「信等歷年信奉香火滿堂，座在船上常叨庇祐，年深月久，煙封塵蓋，不誠雅觀，送神離位，伏請良工鋪金換彩，各式重新，茂介靈通，理宜安奉，謹詹今月某日始仗道眾，就於船內，修建酬恩禮斗開光功德一堂……」〔註37〕上述榜文內容都描寫了漁家對神靈的依賴及崇敬。

澳門當時火居道院多至近三十所，火居道士約有四、五十人。澳門火居道士為漁民所做的道場，無論是吉祥的或度亡的，在科儀方面都以正一派為主，道場音樂沿用風格清新明快且具濃鬱本土氣息的正一派音樂。

據傳是清末光緒年間，澳門正一派火居道士周升真道長與廣東羅浮山沖虛觀全真派至玄真人梁叔雅道長道誼深厚，私交甚篤，周得梁之傳授，道教全真和正一兩大派音樂便藉此機緣在澳門滲透交融了。1923 年及 1933 年，廣州三元宮和羅浮山沖虛觀兩次應澳門鏡湖醫院之邀，蒞澳設壇啟建風災及遷義莊萬緣法會，廣東的全真派道觀的科儀與音樂，亦因此流存濠江。由此，澳門正一火居道士做道場時，把莊重典雅，具有濃厚宮廷韻味和古典全真派

〔註37〕參見吳炳鋕：《澳門的正一派音樂》，《中國道教》，1997 年第 3 期。

音樂融入其中，形成澳門道教科儀音樂之獨特風韻。經過二百多年的承傳，澳門道教科儀音樂已發展成爲頗具本土特色之音樂如澳門道教科儀音樂的聲樂部份之韻腔，其中的「弔掛」音樂，當中既有情調莊嚴肅穆的曲調，也有廣東民間小調的元素。器樂形式部份，澳門的道教科儀音樂的「正曲」有「序」與「過場」兩種。其中「序」是澳門道教科儀音樂之特色。澳門道教科儀音樂慣以一節稱爲「序」的音樂作爲過門，連接兩段「弔掛」或作爲一段曲譜的結束，這種方式有別於其他地方僅以敲擊樂作過門的演奏。「過場」曲牌多改編自廣東小調，如《到春來》、《一錠金》、《上雲梯》、《下西岐》、《三寶佛》、《金不換》等。澳門道教科儀音樂的「耍曲」，有純敲擊演奏的發鼓（擂），或配合管樂演奏廣東粵劇排場《碧天賀壽》、《八仙賀壽》、《玉皇登殿》、或《大開門》、《錦帆開》等曲牌。這些過場樂曲，均以大鑼大鼓襯托。

澳門道教科儀音樂具有曲目數量多、體裁樣式豐富、腔體結構完整、獨特序曲和法器運用之特徵。

現時保存於澳門地區的道教科儀音樂曲目，多達 500 餘首。在全國各道教宮觀及道場，如湖北武當山、北京白雲觀、江西龍虎山、江蘇茅山、四川青城山、上海城隍廟、廣東羅浮山沖虛觀、廣州三元宮等地，其數量之多名列榜首。澳門道教科儀音樂的經韻音樂（聲樂）和曲牌音樂（器樂）的各種體裁和樣式，亦皆俱全，顯示了這一傳統宗教儀式音樂體裁多樣的豐富內涵及博大的外沿。由於儀式宣行的需要和演唱方法的不同，經韻音樂形成了不同的腔體如：韻腔，誦諧腔，念咒腔和諷經腔。而韻腔極富旋律性，其歌唱性也最強。澳門道教科儀音樂中的韻腔，如《玉皇贊》、《三寶贊》、《太乙贊》、《淨壇贊》等，篇幅長大，曲調悠揚，結構完整，風格鮮明，是澳門道樂之精華。

「序」在韻曲中的廣泛運用和器樂化，構成澳門道教科儀音樂的一大特色。澳門地區道教科儀音樂中的「序」：樂器、法器（敲擊樂器）齊奏共鳴，完全器樂化。

法器（敲擊樂器）演奏在澳門道教科儀音樂中亦扮演著十分重要的角色。澳門道教科儀音樂中敲擊樂器的演奏卓爾不群，獨樹一幟，其嚴謹的章法、高超的技巧，讓人歎爲觀之。形成了澳門道教科儀音樂中的一大亮點。

長期以來，道教科儀與音樂皆以家族及師徒之方式承傳，口耳相傳，沒有留下文字及曲譜記錄。故保護和整理道教音樂文化遺產和科儀傳統已爲當務之急。

3.19 澳門媽祖信仰

媽祖信仰從產生至今已延續了將近一千零五十週年，它是一種影響至深，流播久遠的民間宗教文化。據宋、清史料記載，媽祖乃湄州人氏。宋紹興二十年（1150），《聖墩祖廟重建順濟廟記》中記曰，媽祖「姓林氏，湄州嶼人」。元人程瑞學在《靈慈廟記》中說：神姓林氏，興化都巡君之季女，生而神異，能力拯人患難，室居未三十而卒，宋元裕年間邑人祠之。《敕封天后誌》和《天后顯聖錄》亦皆載，媽祖生於宋建隆元（960 年）三月二十三日，卒於宋熙四年（987 年）九月初九。僅活了 28 歲。

媽祖的故居湄州在福建莆田市，這是東瀕大海的海濱孤島。海灣秀嶼巷的特殊位置，是媽祖民間宗教產生的地理因素。至今在湄州灣石頂村的村北石崖上還鑴刻著「天妃故里」和「天妃祖跡，地名上林」的古代石刻遺跡。

雍熙四年（公元 987 年）農曆九月九日，媽祖羽化後，人們已將她視為保護神，平安的象徵。為了順應百姓祈求安定的願望，穩定封建秩序，歷代帝王們亦大力推崇對天后的祭祀。從宋徽宗宣和五年（公元 1123 年）開始，到清道光十九年（公元 1869 年）止，天后受歷代皇帝褒封共有二十六次，封號由「夫人」、「妃」、「天妃」、「天后」，直至「天上聖母」。致使媽祖成為了歷史上一位頗具影響的傳奇人物。

3.20 媽祖與「澳門」之得名

利瑪竇在其《中國札記》中，十分明確地指出「澳門」之得名與媽祖的關係。他寫道：「……於是他們把鄰近島嶼的一塊地方劃給來訪的商人作為一個貿易點。那裡有一尊叫做阿媽（Ama）的偶像。今天還可以看到它，而這個地方就叫做澳門，在阿媽灣內」。[註38] 利瑪竇這裡寫的是 16 世紀 20 年代初，至 50 年代居留澳門期間，葡人在香山沿海貿易的情況，以及葡人最後怎樣得以居留澳門。葡人初來澳門，便在媽祖閣附近停泊。葡人平托（Mendes Pinto）於 1555 年在澳門之信中，已用 Ama Cuao 來稱呼澳門，粵語即「阿媽閣」。

澳門堪稱莆田湄洲之外，媽祖文化特色最濃厚的地區了。此地的媽祖文化給人一種厚重的歷史感和超然的時空感。據有關史料，早在南宋滅亡之前，在臨近澳門的伶仃洋與崖門海域之間即展開了一場惡戰。當時，數千艘宋、元戰艦在這裡廝殺、搏鬥。最終，數十萬南宋將士葬身海底。在這場悲壯的

〔註38〕利瑪竇著；何高濟、王遵仲、李申合譯：《中國札記》，北京中華書局 1983 年出版。

海戰之後，少數未死的南宋軍人逃至濠鏡澳（澳門半島）藏身。而其中最早抵達澳門的是媽祖故居的福建人。此後，到澳門定居的福建人越聚越多。而今，澳門四十五萬常住人口中，平均每四人就有一人為閩籍。福建媽祖文化給澳門山水留下了深深的「腳印」，其與澳門的淵源也最久，它是展示澳門「人文山水」悠久魅力的「代表作」之一。〔註39〕

3.21 海洋探險與媽祖信仰

航海事業在宋代以後的歷朝中皆佔據重要地位。在科學落後的近千年間，海神媽祖已成為航海者的精神寄託，她賦予航海者向茫茫海洋進軍的勇氣。《明成祖實錄》記載，永樂七年正月，成祖封天妃為護國庇民妙靈昭應弘仁普濟天妃，賜廟額為「弘仁普濟天妃之宮」，歲時遣官祭奠。宮中的《御製弘仁普濟天妃宮之碑》，係永樂十四年（1416），鄭和奏請成祖而立，明成祖感念海神天妃屢次庇護遠航安順，親自撰寫碑文。

明宣德六年（公元 1431 年），鄭和第七次下西洋前，在赤灣天后廟立下《天妃靈應之記》的碑文，碑文詳細記載了天妃靈應的故事，和鄭和七下西洋的時間與經過。《天后志》亦生動地記載了鄭和在今深圳南山的赤灣海域遇險，天妃顯靈救應的故事。為此朝廷頒文：凡朝廷使臣出使東南亞各國，經過這裡時必定停船祭祀。他們在行前要舉行隆重的典禮，祈禱天后庇祐。安全返航後，又要到此「辭沙」，答謝天后的庇祐。所謂「辭沙」即是用太牢來祭祀。太牢的祭品包括牛、羊、豬，將此三牲去肉留皮，用草填充，擺祭於海邊的沙灘上，祭祀完畢，再將三牲沉入海中。當時中國出海的運輸船、商船、水師船、海盜船、民船以及外國來華的貢船、商船等凡出入經過珠江口時，也都要到此朝拜。

遠在十世紀時，中國航海者不時遇到海上氣候的萬千變化，強風暴雨常常發生。因為當時沒有氣象預測，小舟在大海中如滄海一粟。當風暴發生時，因無航標指南針的指向，航海事業十分艱巨。明萬曆年間高澄出使琉球，在他回航後的《使琉球錄》一書中，有一段生動的描述：「船搖盪於暴風雨中，篷破、杆折、舵葉失、舟人號哭、祈於天妃，妃云，立即換舵可保平安。在巨浪中舵葉重二三千斤，由於神庇，力量倍增，平素換舵須百人以上，今日船危三數十人舉而有餘。」這一記載說明，媽祖已成為航海人的精神寄託。

〔註39〕媽祖部分參見拙文：《中華海洋意識與媽祖文化》，《中國文化月刊》2007 年，315 期。

3.22　海洋商賈之媽祖情結

《澳門記略》記述媽祖閣前的洋船石：「相傳明萬曆時，閩賈巨舶被颶殆甚，俄見神女立於山側，一舟遂安，立廟祀大妃，名其曰娘媽角。並於廟前石上鐫舟形及『利涉大川』四字，以昭神異」。清同治七年（1868 年），黃光周撰《媽祖閣漳興堂碑記》亦載：澳門壕鏡向有天后廟，自明至今，多歷年所。凡吾漳、泉兩地之貿易於澳者，咸感戴神靈，而敬奉弗怠焉。

又云：「嘗謂天地生百女才女易，生一神女難，古今得百賢女易，得一神女難。吾閩莆田梅花嶼之有天后聖女也，女各種之聖而神者也。天稟聰明，生而靈異；誕降神切而酬聖德也。亦各盡其誠，敬之微忱而已」。表達了異域媽祖故鄉人對其感恩載德的誠摯敬意。

道光九年，澳門人趙永箐《重修澳門媽祖閣碑記》中，有關於閩南人重修媽祖閣的記載：「澳門之媽祖閣神靈尤著，土著於斯者，固皆涵濡厚澤……至省會之巨室大家，歲資洋舶通商，貨殖如泉……崇奉禋祀，永永無窮者也。」所謂「至省會之巨室大家」，即指廣東十三行的鉅賈。他們不僅為重修媽祖閣碑積極捐獻銀兩，亦常到澳門媽祖閣燒香祭拜。

清嘉慶舉人顧翰有《松江竹枝詞》曰：「天妃宮裏起笑歌，商賈紛紛祭賽多。女伴避人私禱祝，願郎歸海亦無波。」詞人通過商賈和民女的祭祀及其心理，深刻地展示了其媽祖意識與情結。清人筆記載：「土人呼神為媽祖，倘遇風浪危急，呼媽祖，則神披髮而來，其效立應。若呼天妃，則神必冠帔而至，恐稽時刻。」足以顯見民眾與媽祖的親和程度，以及媽祖崇拜中的人文主義精神。

3.23　海洋媽祖文化的意蘊及流播

但凡有華裔民族存在的沿海地帶就一定能夠找到天后宮或媽祖廟，這是中華海洋文化的傳統與海洋宗教文化的特徵。媽祖作為東方海神所象徵的東方海洋文化精神是值得積極肯定的。在航海民俗文化中，民眾對海神的崇拜是其信仰的核心。海神媽祖如今也已成為溝通海峽兩岸乃至海外，密切世界往來的和平女神，以及文化交流的媒介。媽祖從福建湄洲島上的平凡人家走出來，經過宋、元、明、清歷代帝王的加封，已成為海上航行的保護神。在中國沿海的港口，幾乎處處可以見到媽祖廟，在日本、朝鮮、新加坡、馬來西亞、印尼、越南、泰國、菲律賓等國家也都有媽祖廟宇或祀奉場所，媽祖信仰隨著探險、移民步伐傳播到了世界各地。

　　天后文化史料不僅口耳相傳，而且保存了一定的文獻資料。歷代對於天后文獻的編撰，集中深刻地反映了民眾對海神崇拜與認同的文化心理。歷來關於海神文化的文獻主要有《天后顯聖錄》、《湄洲志》、《天后昭應錄》和《聖跡圖志》諸書。其內容雖不屏神異之談，但對認識當時的歷史航線、航運貿易和外交方針等皆提供了有價值的文獻資料。它反映了民眾對傳統民俗文化遺產的選擇和認同，至今人們仍在進一步認定這些文化資源本身潛在的現代性價值，使其中所具有的民俗事象不再是「古化石」或「歷史殘留物」，而是將其引向未來的文化財富，使之生成現代化效應。

　　如《元史・祭祀志・祭祀五》中，將祭女神媽祖事宜載於「忠臣義士」祠祀篇中。故而媽祖崇拜又具有紀念聖女義舉的文化內涵。這一內涵正是媽祖廟會文化現代性認定的依據之一。在以媽祖崇拜爲核心的民俗形成中華海洋民俗文化圈時，其文化資源已顯現出綜合的強力效應。如，由天后宮的民俗文化向周邊輻射，與儒、釋、道等多種傳統文化資源相組合，已構成一條多彩多姿的民俗文化鏈。其中包括海洋意識與海洋觀念、海洋與人的相互作用、海洋人文社會機制的建立與發展、涉海人類群體的生存生活模式、政治結構、政策法規、審美情趣等等。同時利用當地海洋文化遺址遺跡的遺留影響、外來僑民和移民後裔的遺存文化，亦可進一步強化海洋文化氛圍，使之從中感受到強烈的海洋文化氣息。

3.24 澳門媽祖文化節

　　澳門一年一度的媽祖文化旅遊節，亦是媽祖信仰融入澳門社會的體現。澳門媽祖文化旅遊節已成爲澳門文化旅遊盛事。通過媽祖文化旅遊節的活動，加強了澳門的中華媽祖文化建設，提高了澳門旅遊城市和澳門世界文化遺產在國際的知名度，以及地方旅遊的整體形象和吸引力，極大地增強了媽祖文化的輻射力和延續著媽祖文化的效應。亦反映了顏延齡先生爲創建澳門媽祖文化氛圍，促進澳門經濟發展的有益探索。澳門媽祖文化旅遊節，集人文、藝術、民俗及宗教於一身，已成爲聯繫海內外華人，增進彼此感情交流的重要紐帶，同時爲海峽兩岸及港澳臺更密切的交流和廣泛合作，開闢了一條新途徑。

　　媽祖文化隨著時間的推移，也隨著一代又一代閩籍澳門人的播揚，逐漸成爲澳門多元文化的重要組成部分，成爲澳門社會珍貴的歷史文化財產，媽祖更成爲澳門人心中善良、博愛、和平、安寧和吉祥的偶像。

　　在澳門回歸祖國前夕，葡澳政府爲滿足當地信眾的要求，塑造了一尊高19.99 米、象徵 1999 年澳門回歸祖國的媽祖雕像。當時澳督韋奇立、新華社澳門分社社長王啓人親臨主持開光典禮，澳門出現了萬人空巷的景象。世界20 多個國家的媒體對這次活動進行了報導，澳門衛星電視臺亦對這次活動向50 多個國家進行了現場直播。研究澳門媽祖文化的學術論文《澳門媽祖論文集》等亦已在澳門出版。〔註40〕爲了弘揚媽祖文化，澳門已於 1998 年 10 月成立了以顏延齡先生爲代表的媽祖文化研究中心——澳門中華媽祖基金會。爲澳門媽祖文化的傳承與播揚作出了卓越的貢獻。

〔註40〕拙文：《近二十年以媽祖現象爲核心的媽祖文化圈研究》，中國海洋出版社。

第四章　澳門地域文化史

一、澳門雞尾酒文化現象

　　澳門作為東西方文化交流的中介，起著「文化驛站」的作用，從而造就了澳門特殊的文化生態，即由「澳門土生」文化、中華傳統文化，以及葡國文化構成的文化三維空間。這種多元共存的文化生態，如同「雞尾酒」現象：澳門文化的多元性如雞尾酒一般五彩斑斕；而多種文化的相對間隔，亦如雞尾酒一樣層次分明。其實澳門社會的文化矛盾又何嘗不是如此，亦如雞尾酒現象：除了葡國文化的主導意圖，與中華文化的主體地位這一基本形態之外，它還包括東方和西方的矛盾、邊緣和中心的矛盾、傳統和現代的矛盾、都市和鄉村的矛盾、漂泊和定位的矛盾等。自十六世紀初葉開埠、尤其是 1553 年「葡人治澳」以降的近五百年來，舊澳門的政治、經濟和文化發展的歷史軌迹呈多元交疊的走向。

4.1「中西合璧」之「半島文化」

　　四百多年來，澳門成為了東西文化薈萃之地，它既有源遠流長的中國文化，也有越洋而來的葡國文化，又受到東西方其它國家、地域文化的影響。如清香山舉人龐茂榮《蠔鏡澳》詞曰：「職諸奇器，西洋風貌，漸變中華。」[註1] 由於澳門無論是中國之於世界，還是世界之於中國的「橋梁、窗口和國際通道」的地位和作用，其宗教文化、民俗文化、建築文化、飲食文化、語言文化、詩歌文化、藝術文化、傳媒文化和博彩文化，無一不是「中西合璧」、「中西交匯」的積澱之物。在相互影響、相互滲透、相互包容中催生、孵化

〔註 1〕引自《澳門編年史》，第 3 卷，第 1448 頁。

出具「開放性和國際化，寬容性和多元化，互動性和諧衡化」特點的澳門本土文化。也就是說，中西合璧、求同存異、和而不同的澳門文化在其奠基時期就冶煉出「開放性和國際化，寬容性和多元化，互動性和諧衡化」的別具一格的「活的靈魂」和傳統，成為世界文化之苑的一朵奇葩。〔註2〕正如澳門土生葡人 leonel Alves：《澳門之子》詩云：「永遠深色的頭髮，中國人的眼睛，亞利安人的鼻樑，東方的脊背，葡國人的胸膛。……心是中國心，魂是葡國魂。」〔註3〕

土生葡人，是葡萄牙和亞洲人血統交融而產生的群體。他雖然「鬼頭鬼面」，但很喜歡中國文化，喜歡吃中國菜。目前，澳門正在以土生葡人的歌曲和語言申報非物質文化遺產。

澳門是個國際性城市，中西風俗，並存共處。由於其特有的歷史積澱，使得它在文化上有著別具一格的樣貌。這一文化樣貌異常豐富多彩，其中既有時令年節、龍舟、天后、觀音、關帝、粵菜等純然中式的文化表徵，也有西式葡國風情的天主教堂、彌撒、聖誕、花地瑪聖像巡遊、葡國菜、葡語、葡文等西方文化元素。中西兩種文化風貌同時並存於澳門的土地上，各安其所，相互交融。事實上，除了典型的中西文化特徵之外，澳門也不乏印度、東南亞等其它異域風情。澳門從文化的角度看是一個複雜的地方。正如有些學者所歸納，其文化歸類大致可分為三大類：一是華人文化，二是葡萄牙文化、三是土生葡人文化。〔註4〕這是澳門文化發展史上的「三大文化支柱」。

作為第一塊被西方佔領居住的中國土地，以及中國最早對外開放的商貿港口，澳門在很大程度上反映了近 500 年來中國與西方交往角力的全過程，澳門歷史也從側面清晰折射出中西文明交鋒撞擊的輪廓。體現了兩種文化的交融。例如作為文化載體的澳門宗教建築，即體現了多元並存的狀態。諸如澳門葡式的教堂與建築風格。早期澳門城牆之內是葡人居住區，城牆之外是華人聚落。在葡人城裏，石構教堂是精神寄託；在華人區內，木構寺廟是力量源泉。葡人不斷向東遷移，佔據良港密佈的南灣；華人沿西部內港發展，躲避海上風暴。葡人把房屋建在山頂上，居高臨下，防禦之心常備不懈；華人把房屋建在山腳下，背山面水，安居樂業。二者各取所需，和諧共處。澳

〔註2〕 齊鵬飛：《「文化澳門」芻議》，《中國人民大學學報》2002 年第 1 期。
〔註3〕 趙新珊著：《澳門新魂》，百花文藝出版社，2006 年版，第 147 頁。
〔註4〕 霍志釗：《澳門土生葡人的宗教信仰》，社會科學文獻出版社，2009 年版，第 003 頁。

門之象徵性標誌「大三巴牌坊」是典型的西方巴洛克式建築，但牌坊的裝飾雕刻卻有明顯的東方色彩，如在第三層，刻有中文「念死者無為罪」、「聖母踏龍頭」、「鬼怪誘人為惡」的箴言和警句。這在任何一座西方巴洛克式建築上是絕無僅有的。這種建築上的交融，在澳門隨處可見。到了八十年代，澳葡當局又刮起推廣葡國文化之風，以「保護文物」的名義大興土木，修葺各類葡式建築。如果說昔日的澳門曾是耶穌會士們推動中西文化交流的東亞大本營的話，那麼今日的澳門的土地上依然隨處可尋來自葡國的天主教文化之濡染。葡國長期作為澳門的宗主國，在殖民管理澳門的同時也通過語言、宗教等方面將文化輸入到澳門。

葡萄牙統治澳門四百多年，在餐食方面也烙下了深深的印記。澳門烹飪吸收了廣東地區的烹飪法和食材，以及香港、葡萄牙、印度、非洲、東南亞的特色，創製出獨一無二的澳門菜，例如燒臘、多士、非洲雞、馬介休、葡國雞、沙嗲等。

諸如澳門醃海魚的特殊做法，「馬介休」之類的飲食文化。澳門式葡國菜的煮法和材料融合了葡國、印度、馬來西亞及中國粵菜的烹飪技術，可謂世界上獨一無二的菜式。其中如咖哩蟹、非洲雞、蒜蓉辣大蝦等，頗能吃出中西合璧還外加點南洋風味的特色。此外，澳門也保留了地道的葡國菜，如鴨飯和馬介休、烤沙丁魚等。馬介休亦即鹹鱈魚，是葡萄牙餐桌上最常見的主菜，據說它在葡萄牙可以變化出上千種食譜。富有盛名的葡國食物還有葡國雞、燒醬豬手、青菜湯和葡國臘腸等。東南亞的華僑移居澳門後，多聚居在三盞燈一帶，那裡有不少專賣咖哩美食的麵館，可吃到地道的東南亞麵食。

中文和葡萄牙文是澳門現行的官方語文。在澳門，葡萄牙文大多是占澳門人口 2%的葡裔人口使用，因此政府的官文等都依然使用葡文作主要用字，但是葡萄牙文在華人裏面並沒有很大作用。澳門的年輕一代通常選擇學習英文，葡文次之。

澳門土語（Macanese）是由葡文、馬來語、粵語、英文、古葡文以及少許荷蘭文、西班牙文和意大利文混合而成的澳門方言，葡萄牙文叫「巴度亞」，曾是澳門土生葡人常用的語言，目前已幾乎絕迹。澳門最後一位以澳門土語進行創作的土生葡人作家是若瑟・山度士・飛利拉。澳門土生教育協進會於2006 年 10 月與六個葡人社團簽訂合作協議，打算把澳門土語申請成為聯合國教科文組織非實物文化遺產。

在澳門，葡萄芽語雖是官方語言，但其無法滲透到華人學校。直至目前，絕大部分澳門華人仍難以用葡文、葡語交流溝通。

在文字方面，澳門居民大部分使用繁體中文作為社會日常用字，而土生葡人會以葡萄牙文作主要書寫文字。澳門政府於 2006 年 12 月 30 日指出，政府部門表格除可使用繁體中文和葡萄牙文填寫外，亦可使用中文簡化字填寫。此外，澳門文學一方面具有後現代性，一方面也具有細膩性、平面性、調侃性和雙語雜糅性的市民文化的審美特徵。典雅的葡文雜誌，葡文學術譯作，與文學作品，亦皆無不具半島文化之特徵。

近代報業的出現由歐洲開其先河。由於澳門在歷史上同葡萄牙長久的關係，在中國，近代報刊首先在澳門出現。在十九世紀中期以前，澳門是中國唯一允許西方人士長期居留的兩個商埠，同時也是中國同西方國家進行文化交流的唯一平臺。「外文報刊最先出現在澳門。葡萄牙人在澳門擁有從充分的出版中文報刊的條件，可是他們對出版中文報刊並無多大興趣，首先在澳門出版的是大量的葡文報刊。」〔註5〕

現今可查的澳門最早中文報紙是 1893 年 7 月 18 日由葡人弗郎西斯科·飛南第創辦的《鏡海叢報》。〔註6〕該報初為葡漢合璧，「前用西洋字，後用中華字」。1899 年，該報由於批評政府而被勒令停刊。曾刊登許多關於澳門地區及葡萄牙人在華史的文章，還翻譯出版過當時英語報刊的重要文章，被視為澳門歷史研究的重要數據庫。

清末維新派領袖康有為於 1897 年 2 月 22 日在澳門創辦《知新報》，其與上海《時務報》、湖南《湘學報》一起成為三足鼎立的維新派重要喉舌。〔註7〕20 世紀初葉在澳門相繼誕生了《澳門通報》（1913 年），《澳門時報》（1916 年），《澳門日報》（1917 年），《濠鏡晚報》（1920 年），《平民報》、《民生報》（均 1924 年），《朝陽日報》（1932 年），《大眾報》（1933 年）等中文報紙。到 1937 年抗日戰爭爆發，其中不少報紙宣傳抗日救亡，除在澳門發行外，還流向珠江三角洲一帶。〔註8〕

有論者曰，中西文化交融並非水乳交融，在有的地方往往表現為混雜，有人形象地比喻為「鹹淡水文化」，意指在江河入海口處，有鹹水與淡水混

〔註5〕李長森著：《近代澳門報刊史稿》，廣東人民出版社，2010 年版，第 20 頁。
〔註6〕吳志良等主編《澳門編年史》，第四卷，第 2022 頁。
〔註7〕吳志良等主編《澳門編年史》，第四卷，第 2060～2061 頁。
〔註8〕馮健主編：《中國新聞實用大辭典》新華出版社，1996 年版。

雜在一起的地帶。因為澳門占 95%以上的是中國人,仍以中庸的儒家思想為主,它寬容地對待異域文化;而作為澳葡當局的主政者也尊重並照顧華人的風俗習慣、文化傳統。因此又有所謂「巴士文化」之說,意謂巴士停站時,門外儘管有些擁擠甚至口角,但進了巴士後,無論是站者抑或坐者,一般都能相安無事。這種和而不同、多元文化並存,是澳門中西文化交融的顯著特徵。

「葡人治澳」的「舊澳門」時代之「不古不今,亦古亦今;不中不西,亦中亦西」的「舊文化」,即所謂「中西合璧」的「半島文化」、「淺海文化」或曰「中西交匯」的「鹹淡水文化」、「混血文化」、「巴士文化」,乃「澳人治澳」的「新澳門」時代之「新文化」建設的歷史背景與現實基礎。

4.2 澳門傳統中華文化之脈

當包容成為必然的選擇,「現代」就融入「傳統」之中。特殊的歷史背景和地理區域,使得澳門文化多元而又特色濃鬱。它是一種以中華文化為主、兼容葡萄牙文化的具有多元色彩的共融文化。是與以葡萄牙文化為持質的西方文化共存的並行文化。澳門比同為特別行政區的香港開埠史更長,文化內涵更豐富,在中西文化交流方面的地位更高。其所保存的大量的珍貴文化遺產,顯示出中華文化之脈在澳門從未被割斷過。

早在新石器時代,澳門、路環、黑沙等地,已是中國大陸的原始居民足跡所至之處。從澳門、珠海出土的大量文物中,已發現有春秋時期的簋、罐以及戰國時期的陶器等,在這塊山海交融的地方,留下了古代先民繁衍生息,薪火相傳的印迹。

中華人民共和國澳門特別行政區的區旗是澳門與中華傳統文化根相連、心相通之符號。澳門區旗繪有五星、蓮花、大橋和海水圖案的綠色旗幟,圖案的含義是:五顆呈弧形排列的五角星,象徵著國家的統一,象徵著中華人民共和國對澳門行使主權,澳門是祖國不可分割的一部分;含苞待放的蓮花是澳門居民

中華人民共和國澳門區旗圖案

喜愛的花種,既與澳門古稱「蓮島」,舊稱的「蓮花地」、「蓮花莖」、「蓮峰山」相關,又寓意澳門將來的興旺發展;三個花瓣表示澳門由澳門半島和氹仔、

路環兩附屬島嶼組成；大橋、海水反映著澳門自然環境的特點。底色象徵著和平與安寧，寓意澳門四周是中國的領海。

在澳門，西裝革履與長袍馬褂摩肩接踵，粵語方言與歐美語言交相斑駁，金錢肉欲，赤橙黃綠，在這裡交匯、撞合，聲色喧嘩，犬馬刺激；然而「根深蒂固」的中國傳統民間信仰在澳門並沒有被外來文化所摧毀、同化。鴉片戰後，澳門從一個中西貿易在中國的「唯一港口」，淪為東南沿海的「地方性口岸」，澳門的發展已不再是依靠歐洲貿易，而是當地華人的經濟活動。在這樣的背景下，大量中國移民遷居澳門，迄至民國時期，澳門已成為一座擁有十幾萬人口的中等城市。華人數量佔據絕對優勢，居澳門之葡萄牙人僅為滄海一粟，所以，中華文化在相當程度上得到尊重，中國傳統在很大程度上得以延續。

澳門葡人阿德曾以其生花妙筆追尋著土生葡人即將失去的記憶。阿德雖然只去過一次葡萄牙，但他和許多土生葡人一樣，對葡國懷有一種無可言狀的愛，同時，也對自己的文化處境和前途感到迷惘：「我們不希望你們離去，你們也不願意離去。但是，在這個強大民族的世界，在這波濤洶湧的海洋，我們究竟是何人？……」在 1987 年 5 月的一首《未來》詩中，他對前途的迷惑更形於言表：「何為澳門的未來？中國人的未來？葡國人的未來？在澳門土生土長，葡萄牙兒子的未來？……」其作品反映了土生葡人在特殊歷史時期的精神、心態，堪稱澳門土生文化的縮影。

值得一提的是，澳門中國內地移民在對澳門的文化價值與文化取向方面亦帶來了深刻的影響。中國內地移民群體中所體現的中國傳統文化，對澳門的文化變遷起到了重要的作用。不僅融入澳門社會，而且向外傳播。如佛道教在澳門的傳播，使之呈現了中西合璧的特色。又如語言，經過內地移民與外國人的不斷交流，雙反語言理解能力也得以不斷提高。「西番既與粵人錯居數百年，多能作華語，不止曾遊京師之番僧也，華人亦多能解番語，有不待於同譯者。」〔註 9〕如《澳門紀略》詩曰：「蕃童久住諳華語，嬰母初來學缺言」。中國內地移民對於傳播與推廣中國傳統文化功不可沒。其它諸如建築、音樂、繪畫、風俗習慣等方面，亦對澳門葡人產生了重要的影響，如偶像崇拜、喪葬文化方面等。

〔註 9〕〔清〕湯彝：《盾墨》，《中葡關係史數據集》，四川人民出版社，1999 年版，第 546 頁。

4.3　澳門郵票與中華傳統文化理念

　　且以 2007～2011 年，澳門發行的郵票目錄爲例，即可深深地感受到其設計理念中透出的濃濃的中國傳統文化情結。澳門郵票主題突出了中國傳統文化的元素，顯現出中華文化之脈深深地侵潤其中。歸其大要包括：昔日生活風情、中國舊式商店、成語故事、文學與人物——西遊記、中國內地景觀（麗江、龍門石窟、鳳凰古城）道德與倫理價值觀、豬年、鼠年、牛年、虎年、兔年、易經八卦、北京 2008 年奧運會火炬接力、傳說與神話（白蛇傳）地道美食、世界遺產郵票、澳門國際煙花比賽、澳門傳統手工藝品、觀音開庫、傳統工具、國際勞動節一百二十週年、中華人民共和國成立六十週年、中西文化交匯藝術作品、澳門科學館、國際婦女勞動節一百週年、中國銀行澳門分行六十週年、澳門懷舊電話、澳門美食節嘉年華、傳統民間服裝、大熊貓、公共建築物及紀念碑、南音說唱、歷史人物與澳門、辛亥革命百週年、錦湖醫院創辦一百四十週年和澳門國際音樂節二十五週年。它薈萃了傳統中華博大精深的思想、歷史、政治、經濟、民俗文化與文學與藝術諸方面。

　　幾個世紀以來，澳門中葡民俗文化的融合早已形成「集體無意識」的歷史深層積澱。歷史地構成了澳門文化內涵的特質。如澳門博彩業的文化創意思想，即體現了突出中華傳統文化主題化發展的趨勢：金沙娛樂場的九百二十多臺角子機被賦予了神話傳說、歷史故事、日常生活、地方文化、東西方文化等不同主題，分別展現了豬八戒背新娘、武松打虎、魚蝦蟹、招財進寶、彩色嘉年華等具體內容，使參與者在博彩之時，可同時感受到中華文化之傳承。

二、澳門傳統風俗與西方文化

4.4　澳門節日民俗與西方文化

　　澳門葡萄牙人居留數百年的歷史，與其城市居民的構成，形成了東西方色彩濃鬱，而又並存共處的節假日風俗。

　　澳門的節假日主要包括華人的傳統節日，如：春節、清明、端午、中秋節、重陽節和冬至。澳門華人對於這些重要的傳統民間節日，皆隆重慶祝。澳門人根深蒂固的傳統文化理念突出表現在儒家倫理之「和」與「孝」之觀念。每逢周末或節假日，門大小餐館就擠滿了各式各樣的家庭聚餐者。祖宗兩代、三代人聚在一起，共享天倫之樂。

在澳門，漁家人的農曆新年尤為熱鬧，所有漁船都要回澳門「灣水」（返澳停泊休息）。海傍一帶，漁民張燈結綵，節日氣氛濃厚。漁民浮家泛宅，終年出海捕魚，歲晚回來「灣水」，所有漁民都上岸來找尋娛樂，穿金戴銀，服飾華麗，一改艇戶穿著。

澳門人過年是從臘月二十八開始的，臘月二十八日在粵語中諧言「易發」，商家老闆大都在這歲晚之時請員工吃「團年飯」以示財運亨通，吉祥如意。農曆春節，自大年除夕晚始，至年初一凌晨時分，澳門居民大批湧往媽閣廟還願，為來年祈求昌盛平安。人們還可在指定範圍內鳴放炮竹慶祝，到處洋溢著歡樂祥和的氣氛。

澳門佛祖民俗信仰，田若虹攝於澳門

春節這天，澳門人講究「利市」，即紅包。老闆見到員工，長輩見到晚輩，甚至已婚人見到未婚人都得「利市」，以示吉利。澳門人把大年初二叫作「開年」。習俗是要吃「開年」飯，這餐飯必備髮菜、生菜、鯉魚，取其「生財利路」。從「開年」這天起，三天內澳門政府允許公務員「博彩」。

除夕之夜，守歲和逛花市是澳門人辭舊迎新的兩件大事。守歲是打麻將，看電視，敘舊聊天，共享天倫之樂；大概受西方聖誕節和情人節的影響，亦承載著葡人移民的文化歷史。年宵澳門人還爭相購買一些吉祥的花木迎接新春，現今已約定俗成澳門之年俗。澳門在年宵興辦花市，多是桃花，水仙、盆竹、盆桔，花開富貴，祝報平安，鮮花瑞木兆示著新年前程美好，花市連辦三天，它帶給奔波一年的澳門人無窮的慰藉。元宵佳節，則煙節爆竹，玩龍舞獅，歡天喜地。

每年農曆端午節時，在新口岸海面、水塘角海面、西灣對開海面都有龍舟競渡。自八十年代以來，澳門曾多次舉辦國際龍舟大賽，有亞、歐、美、澳洲等多個國家參與。當賽事進行時，海面龍舟飛馳，鑼鼓震憾，觀者如潮。

澳門居民既能享受到元旦、勞動節等世界性節日，又有西方的復活節、聖誕節等宗教節日。

除了慶祝傳統的華人節日外，澳門還有不分國籍、不分宗教信仰的屬於全體澳門居民的公眾節日，如：元旦、葡萄牙革命紀念日（4 月 25 日）勞動節、澳門市日（6 月 24）中華人民共和國國慶、葡萄牙共和日（10 月 5 日）葡國復興日（12 月 1 日），皆放假一天。

此外，每逢一些與西方宗教、傳統習俗有關的節日，如復活節、聖體耶穌大出遊、聖母花地瑪出遊、諸聖瞻禮節、聖誕節、醉龍醒獅大會等，亦必舉行慶祝活動。或在露天搭臨時戲臺演出粵劇，或在教堂內舉行宗教彌撒及聖像出遊多種形式的活動。華人認爲「冬至」過大年，所以從「冬至」到「聖誕節」，整個澳門無論中西居民都沉浸在節日的喜慶氣氛之中。人們忙做籌備節日，忙著寄聖誕卡，聖誕夜天主教徒要去教堂參加子夜彌散，基督教堂則向教徒報佳音，讓主保祐教徒平安得福。充分顯現出澳門中西文化交融的特色。

隨著時代的發展，澳門青年與內地人一樣，對節日的情感也悄悄地發生著變化。如西方的情人節、愚人節越來越受到青睞。

4.5 澳門中葡移民婚俗

明清時期澳門內地遺民大體可分爲自發性移民類型與掠奪性移民類型兩大類。在當時的歷史條件下，不同類型的移民，均有不同的歷史原因、不同的歷史命運與結局。澳門自明中葉開埠之後，已成爲中外交往的重要樞紐港口，成爲明中葉以後興起的國際性經貿城市，自然也是東南沿海內地移民的一個重要目標。他們或至澳門從事經貿活動，或以此爲跳板，流移海外。正如《明史・佛郎機傳》曰：「濠鏡在香山縣南，虎跳門外，先是，暹羅、占城、爪哇、琉球、渤泥諸國互市，俱在廣州，設市舶司領之。正德時，移於高州之電白縣。嘉靖十四年，指揮黃慶納賄，請於上官，移之濠鏡，歲輸課二萬金，佛郎機遂得混入。高棟飛甍，櫛比相望，閩粵商人趨之若鶩，久之，其來益眾。」

明清政府對於澳門內地移民人數的增加，經常採取比較保守的態度。開始曾一度限制內地移民攜眷入澳，恐防販賣子女的行爲進一步升級，以後雖然允許內地移民攜眷入澳，也諸多限制。嘉慶十四年，《兩廣總督百齡等奏報酌華裔交易章程摺》載：「華人攜眷在澳居住者，亦令查明戶口冊存案，止准遷移出澳，不許再有增添，庶於體恤之中，仍寓防閑之意。」〔註 10〕又有言曰：「其澳內西洋人，不准再行添屋，民人眷口亦不准再有增添。」〔註 11〕明

〔註 10〕《明清時期澳門問題檔案文獻彙編》（一），人民出版社 1999 年，第 743 頁。
〔註 11〕《清仁宗實錄》，卷二百一十二，中華書局 1986 年。

清澳門內地移民的婚姻生活，除了中國內地移民群體內部自行解決外，中外結合的婚姻現象不斷增多，成爲澳門內地移民婚姻生活的重要內容之一。

中葡移民的婚姻結合，主要可以分爲兩種類型。一類是葡萄牙男性與中國女性的婚姻。順治三年，澳門居民奧・阿澤維多神父談到中葡通婚政策時說「澳門的虔誠教徒有 643 人，而婦女有四萬。他建議應推行葡萄牙男人與中國女人通婚政策，他認爲葡萄牙男人和中國女人結婚能多子多福。只有這種通婚，才能更加接近，白種人女子最好也能融入東方。因爲葡萄牙人越多，葡萄牙國家越安全。」〔註 12〕並提出要讓澳門華人妹仔同其它種族的男子通婚，「以繁衍人口」。葡人欲通過領土之蠶食與人口之同化，而逐步實現其完全佔領之意圖不言而喻。

意大利人阿瓦羅在公元 1638 年撰寫《澳門見聞錄》曾指出：「這個城市初創之時，……葡萄牙人與中國女性結婚，於是這個城市居民增長了。」〔註 13〕一類是中國男子與葡萄牙女子的婚姻。清康熙中葉以後，「夷少男而多女」，澳門葡人男女比例較爲失調。葡萄牙婦女普遍願意與中國男子成婚。屈大均《廣東新語・地志》載：「彼中最重女子，女子持家計，承父資業。男子則出嫁女子，謂之交印。……得一唐人爲婿，舉澳相賀，婿欲歸唐，則其婦陰以藥順黑其面，髮卷而黃，遂爲眞番人矣。」亦云：「香山縣之澳門，久爲番夷所儦居。我朝設一同知鎮之。諸番家於澳，而以船販海爲業，女工最精，然不肯出嫁人，惟許作贅婿，香山人能番語，有貪其利者往往入贅焉。」

三、澳門孤島文化

4.6 澳門廟宇之中原文化淵源

澳門廟宇中供祀著各種各樣的神祇，這些神祇部分傳自嶺南，部分由中原傳入。如在澳門多處可見的金花娘娘，即源出廣州河南的金花廟，該廟所祀金花娘娘之神像多達八十餘尊。金花娘娘是民間傳說中保護兒童之神。澳門奉祀金花娘娘廟宇有蓮峰廟、包公廟、靈醫廟、呂祖仙院、蓮溪廟、觀音古廟、雀仔園福德祠與路環金花廟等。路環譚公廟與九澳三聖廟供奉之譚仙，即譚公道，來自惠州九龍山；氹仔三婆廟供奉之三婆神，爲一位水神，亦傳自惠州；路環三聖廟及大王廟供奉的洪聖大王，則來自廣州南海波羅廟

〔註 12〕 吳志良等：《澳門編年史》，第 2 卷，第 527 頁。
〔註 13〕 轉引自陳偉明：《明清澳門與內地移民》，中國華僑出版社，2002 年版，第 80 頁。

供祀南海廣利洪聖大王；大三巴女媧廟內供奉的悅城龍母，則源自粵西德慶市龍母廟的主神悅城龍母；還有在澳門立廟信奉的黃大仙及水上居民供奉的朱大仙，均爲嶺南文化的傳承與影響。澳門普濟禪院祖師堂，是專門紀念禪院開山祖師大汕和尚的內堂。大汕的禪法思想、人格特徵，與其俗世化傾向、三教合一觀念、禪淨一致的理論與實踐、不忍忘世之情懷富以及有商人氣息之風格等，都明顯地帶有嶺南佛教之印痕，並在一定程度上決定了澳門佛教的特點與走向。「普濟禪院」在三個多世紀中，已成爲了在澳門這個中西文化雜陳的都市中保存和展示中華文化的中心地」，這與大汕的貢獻是分不開的。〔註14〕

　　位於澳門三巴門之呂祖仙院，建成於 1891 年。大門正中石額上有象協道人題「呂祖仙院」四個大字，另有石刻對聯一副，落款爲「奧西吳德靖敬撰，李旭波書丹」。院內尚存光緒十九年吳德靖《創建呂祖仙院碑記》。碑中稱呂祖「於光緒庚寅春，元旦花霄，降法於羅浮山朝元洞，以收修士。時有吾師在側，道號戴宮，樂成美任……至辛卯春，余承師命，下山來澳倡建」。可見澳門的呂祖仙院傳自羅浮山的朝元洞。

澳門民俗信仰，圖片來源：田若虹攝於澳門媽祖閣

〔註14〕姜伯勤著：《大汕大師與禪宗在澳門及南海的流播》，澳門文化司署出版，第131 頁。

明顯受中原文化影響的諸神，除天后外還有關帝、北帝、康公真君、包公、藥王、痘母、呂祖、哪吒、女媧、魯班等，這些中原地區尊奉的諸神隨著歷史上人口的不斷南遷，先傳入嶺南，再由嶺南傳入澳門。而這些神祗的傳入均比較晚，多數在清中葉以後，且廟宇規模不大，部分神祗還只是附在佛教禪院及其它廟宇中供人祭拜，並無專門的寺觀。

數百年來，隨著中國內地居民不斷遷入澳門，中國的傳統文化也被帶入澳門，形成了澳門華人的主體文化。澳門是華洋共處和信仰自由的地區，澳門人的宗教亦呈多元化。在澳門，現有大小廟宇四十多所，以及數十所土地廟神社，可稱得上「遍地寺廟，滿天神佛」。據澳門當地的報紙稱，至少有90%以上的家庭每日燒香拜佛，家裏設有佛龕，早晚三柱香，節慶日則進廟參拜。〔註15〕

澳門大小寺廟宮觀，多數集中在澳門本島。這些廟宇有的屬佛教系統，供奉諸佛菩薩及其部屬，如觀音堂、菩提園等；有的屬於道教系統，如位於三巴門的呂祖仙院等；有的屬於敬天法祖的儒家正統；更有三教雜糅、歸於一體一體的民間信仰，如屬於媽祖信仰的媽閣廟、天后宮、天后古廟，屬於觀音信仰的觀音堂、觀音岩、觀音古廟，還有康公廟、譚公廟、北帝古廟、蓮溪廟、康真君廟、醫靈廟、包公廟、三婆廟、三聖宮和武帝殿等。在這些廟宇中，供奉著形形色色的神靈，他們或者各自為政，互不相擾；或者和平共處，一起享受信徒的供養和禮拜。〔註16〕這一切明確無誤地表明，在異族統治的年代，在西方文化浸染的澳門，澳人仍頑強地堅守著中國傳統文化。

4.7 三教合一之媽閣廟現象

佛儒道三教融通，深植於民俗信仰之中，從而發揮著廣泛持久的影響，這是中國宗教的一大魅力。在東西方文化混雜的大都市，佛寺內既供關帝、媽祖，又列位西方人神，體現了一種寬容和平的精神氣度，適應各階層民眾心理的靈活風格，主客分明，抑揚有致，這是澳門宗教的一大特色。如具有濃厚地方色彩的澳門三教合一之建築特徵，此類建築主要有媽祖閣、馬交石天后古廟、蓮峰廟內之天后宮，路環天后古廟、譚公廟和康公廟等。

媽閣廟為澳門最著名的名勝古蹟之一，初建於明弘治元年，距今已有五百多年的歷史。原稱媽祖閣，俗稱天后廟，位於澳門的東南方，枕山臨海，

〔註15〕 參見魏秀堂著：《澳門面面觀》，中國建設出版社，1989年版，第187頁。
〔註16〕 參見華方田：《澳門佛教的現狀與展望》。《世界宗教研究》，1999年第4期。

倚崖而建，周圍古木參天，風光綺麗。主要建築有大殿、弘仁殿、觀音閣等殿堂。廟內主要供奉道教女仙媽祖，又稱天后娘娘、天妃娘娘。

媽閣廟門口有一對石獅，雕工精美，形態逼眞，傳說是 300 年前清人的傑作。石獅是一種吉祥神獸，它具有保衛平安之意。體現了民俗信仰之理念。廟內花木錯落，岩石縱橫，景色清幽。院內有一塊名爲「洋船石」的巨石，上刻一艘古代海船，船的桅杆上掛著一面寫有「利涉大川」的幡旗，「利涉大川」即爲儒家關愛世俗精神的理念，表達了人們對媽祖護祐平安的讚美。

媽祖，又早已納入道教神仙譜系。媽祖是中國東南沿海和海外華人供奉的海洋保護神。道教《太上老君說天妃救苦靈驗經》稱，太上老君封媽祖爲「輔斗昭孝純正靈應孚濟護國庇民妙靈昭應弘仁普濟天妃」。據神仙譜系記載，媽祖初生時，紅光滿室，異氣氤氳。由於生而彌月，不聞哭聲，故名之曰默娘。林默娘八歲就塾讀書，喜燒香禮佛。十三歲得道典秘法。十六歲觀井得符，能布席渡海救人。升化以後，有禱輒應。自宣和以後，兩宋間先後敕封達九次。其封號，南宋光宗紹熙，由「夫人」進爵爲「妃」，元世祖時又進爵爲「天妃」，清康熙時再進爵爲「天后」。至清嘉慶年間，媽祖的封號已經累積到二十八字。據記載，媽祖之主要神迹是救濟海上遇難之生民。據傳，媽祖有隨從，千里眼、順風耳，能解救於千里之外。媽祖常穿朱衣，乘雲遊於島嶼之間。如果海風驟起，船舶遇難，只要口誦媽祖聖號，媽祖就會到場營救。《太上老君說天妃救苦靈驗經》稱，媽祖所救就是「翻覆舟船，損人性命，橫被傷殺，無由解脫」。後來，媽祖之職能略有擴大。同經還稱「若有行商坐賈，買賣積財，或農工技藝，種作經營，或行兵布陣，或產難」，「或疾病」，「但能起恭敬心，稱吾名者，我即應時孚感，令得所願遂心，所謀如意」。因此，民間亦有以媽祖爲送子娘娘的。

澳門媽閣廟又爲三大禪院之首：澳門媽閣廟、普濟禪院、蓮峰廟並稱爲澳門三大禪院，是澳門著名的東方式廟宇之一。媽閣廟又名正覺禪林、海覺寺。可見媽閣廟是集儒、道、釋，以及民間俗教爲一體的多元宗教信仰。

澳門華人社會的主流宗教始終是亦合亦分的儒釋道文化，澳門的佛教、道教和民間信仰，雖然沒有多少文獻資料可資研究，但其文物碑誌及實物資料卻留存不少。如 1860 年英國畫家愛德華·希爾德布蘭特繪製的版畫《媽閣廟的戲棚》，即反映了百年前媽閣廟神功戲演出之盛況。

4.8 澳門宗教文化史學研究

近年來，一些專家學者在澳門和內地相繼出版和發表了兩地宗教文化及其相互關係的重要論著多種，如：呂志鵬、黃健威《澳門天主教堂》、姜伯勤《大汕大師與禪宗在澳門及南海的流播》、鄭煒明、黃啓臣《澳門宗教》、徐曉望《福建人與澳門媽祖文化淵源》、華方田《澳門佛教的現狀與展望》、譚世寶的《澳門三大古禪院之歷史源流新探》、吳志良《早期澳門史論》、黃兆漢、鄭煒明《香港與澳門之道教》、李長森的《明清時期土生族群的形成與變遷》以及《澳門蓮峰廟與清初鼎湖山禪宗史》、《澳門普濟禪院藏澹歸金堡日記研究》、《清初嶺南佛門事略》、《僧救事業的回顧和展望》等。加深了我們對澳門華人信仰的深刻理解。

澳門與中華傳統宗教文化之間有著極其深厚的歷史淵源，澳門宗教文化是中華宗教文化不斷向澳門傳播和影響的結果，是對中華宗教文化的繼承和發揚。同時，它也以特殊的形式影響著傳統的宗教文化。因此，近百年來澳門與傳統宗教文化之關係，說明了澳門與之血脈相連，而且也說明了中華傳統文化是架通海內外炎黃子孫之間彼此相互理解與相互信任、共同發展的重要橋梁。

4.9 澳門孤島文化的本土性凸現

土生葡人是澳門社會中一個獨特的居民群體。土生葡人，是在澳門居住，或在澳門土生土長，但已移居海外的葡萄牙後裔居民，雖然他們自認葡人後裔，皈依葡式文化，但其根卻在澳門。土生葡人包括居住在澳門的葡萄牙人的後裔，以及葡萄牙人與其它種族通婚而在澳門繁衍的混血後代。

土生葡人文化亦是一種比較特殊的「族群文化」，其從屬於葡人文化卻又相對獨立，「本土化」特徵十分明顯，其「身份」介於葡人與華人文化之間。澳門居民 96%屬中國血統，外籍人士只占少數。雖然四百年來受葡萄牙的統治，但中華文化仍為主導地位，土生葡人之風俗，仍保留了大量中國傳統文化的因子，如關帝、觀音與娘媽等宗教崇拜，以及農曆新年、民間節令之俗信等。

澳門居民以廣東珠海、三鄉、中山、南海、番禺、順德、新會、臺山、開平、鶴山等地，以及福建為多，各地居民都保留著鄉土之習俗。每到新春節令，居民都奉行中國民間傳統的祭禮。

土生葡人世代居住澳門，兼有中西血統。清朝建立後，在澳門的華人人口急劇增加，中葡混血逐漸成為土生葡人異族混血的主體。土生葡人所操之

葡語，歐洲的葡萄牙人聽不懂，因其語言不純正，否認其為正宗葡語。土生葡人中的大多數已經幾代沒有回過葡萄牙，不被葡萄牙人所接納和認同。他們雖不是華人，卻都能說一口流利的粵語。

土生葡人是澳門作為不同文化交匯地的一個最典型範例。他們信奉天主教，一方面保持著葡萄牙的生活方式，一方面又適應華人社會的生活習俗。他們經受了各種社會和經濟的壓力而在澳門自成一體。土生葡人的風俗習慣構成了澳門民俗獨特的風景線。

土生葡人的結婚儀式，中西儀式同時舉行。他們的婚禮，混合了中國傳統禮儀、民間婚禮和天主教儀式，過程非常複雜。新娘子幾乎一律要在婚禮當日，和在晚宴中多次更換衣服，新郎新娘先穿唐裝旗袍拜天地、父母，然後再穿上西裝婚紗，到教堂接受神甫的祝福。有時其中一款可能會是中國傳統禮服，但絕不可以缺少的乃是西式婚紗。

在汪兆鏞的第十五首《澳門竹枝詞》中，他對於新人在教堂舉行婚禮的情形，描述細緻：

> 女郎齊送七香車，新婦裙紗曳地斜。簽約諷經朒摯甚，豈容浪說自由花。

澳蕃結婚，郎君與親族先候於禮拜堂，新婦乘藤轎，鮮花四垂，頭罩與裙皆用白紗，長曳地數尺。送嫁女郎數十人，乘人力車隨之。新婦入堂伏地持經默誦，新郎脫帽正立，牧師為之祈禱。新郎以指環授婦，婦脫手套受之，戴指上，切牧師室讀證書，郎婦媒妁均親筆簽字，乃出。諸客男女分別握手接吻為禮，送嫁諸女郎贈新婦以花球，各拍掌而散。

清初尤侗《外國竹枝詞‧佛郎機竹枝詞》描寫澳門天主堂內舉行的婚配禮儀「交印」：「蜈蚣船櫓海中馳，入寺還將紅杖持。何事佛前交印去，定婚來乞比丘尼。」稱天主耶穌為「佛」，修女為「比丘尼」，〔註17〕佛教與天主教混為一談，陳垣先生稱之為「遊戲文章」。

西方傳統婚禮以寧靜、簡約為尚，但在澳門一地，華籍居民較多，葡萄牙人的婚禮免不了受中式婚禮的熱鬧氣氛影響，因此出現了「女郎齊送七香車」的情況，「新婦乘藤轎，鮮花四垂」、「送嫁女郎數十人，乘人力車隨之」，這種以人多勢眾來營造熱鬧氣氛的做法，正是中式婚禮裏，敲打吹奏各種樂器、鑼鼓喧天、浩浩蕩蕩、以大紅花轎將新婦送至夫家的出嫁方式的另類版

〔註17〕尤侗：《西堂全集》，清刊本，第 11 冊，第 17 頁。

本。在澳門居住的葡萄牙人，對於中式婚禮的喜慶熱鬧氣氛，極為接受，因而出現了上述中西合璧的婚禮。

光緒十三年，西人在澳門報紙登載徵婚廣告，將西方文明引入澳門。西人遮譬阿·粒幼在澳門報登一則消息云：「僕行年四十，豐於財，現仍幹辦公事，性情和藹，容貌歡欣，今欲娶妻，必須名門之女，髫齡性敏，美姿容且能彈琴跳舞者。如願許配，請由驛務局示訂。」〔註18〕這是見於記錄之中國最早的徵婚廣告。第二天，即有西女遮爹斯者，出而自薦。「持回信一函，囑報館主筆代寄焉。」

在土生葡人家中，客廳是中式擺設：油光閃亮的紅木太師椅和茶几，上面雕刻有精巧的龍鳳圖案；客廳牆上則掛著中國的水墨畫，博古架上擺放著中國的景泰藍花瓶。寢室擺設則又是地道的葡國風格：兩張單人沙發和一張席夢思床放在西式書架對面的牆邊，牆上懸掛著歐洲情調的油畫。這種中西相融又各具特色的居室布置，正如一位土生葡人詩歌中所描繪的：「我既向聖母祈禱，也念阿彌陀佛。」澳門東方的道教、佛教、伊斯蘭教和西方的天主教、基督教共存，互不干擾，人們去寺廟和教堂可以自由選擇。

土生葡人還有自己的飲食習慣。他們甚至發展出一種叫做「土生葡人菜」的特殊食物，這主要是果阿和馬來西亞風味，還有一點中國烹飪的影響。它既不同於中餐，又不同於葡萄牙餐，而是一種把各個不同地方風味混合在一起的獨特美食。今天這種食品已成為去澳門旅遊不可缺少的品嘗項目。有人甚至認為它起到了調節種族矛盾的作用。那是一種比較適合中國人口味的葡式菜肴。其中一些菜品在葡萄牙是沒有的。

土生葡人婦女身材苗條，容貌美麗。她們往往挑剔地看著別人，一方面把來到澳門的葡萄牙婦女稱作「牛婆」或「肥婆」，認為她們是長汗毛、大鼻子和大腳丫的肥胖女人；一方面又認為當地的華人婦女是圓臉盤、弔眼睛的女人。正如葡萄牙學者對土生葡人婦女的描寫：她們舉止自然，彬彬有禮，情趣高雅，穿戴講究，接待客人時，態度誠懇而客氣，臉上總是笑容可掬。她們聰明、機敏，既能默默不語，也能歡呼雀躍，藏而不露的奧秘神情後面是開朗的性情和溫柔，她們實際上掌握著家庭，因為丈夫對她們言聽計從。〔註19〕

〔註18〕吳志良等：《澳門編年史》，第四卷，廣東人民出版社，2007年版，第1983頁。

〔註19〕（葡）阿馬羅：《不為人知的澳門土生婦女》，《文化雜誌》1995年總第24期，澳門文化司署出版。

第五章　澳門商業文化之特徵

一、澳門經濟的繁榮與復興

舊澳門文化發展的兩次輝煌，一次出現在澳門開埠後的前兩百年「國際貿易」支撐下的澳門經濟的第一次繁榮和復興時期，一次出現在澳門回歸前的後四十年「現代化」和「多元化」支撐下的澳門經濟的第二次繁榮時期。

澳門主要的收入來自博彩業和旅遊業。2002 年，博彩業收入提供四成以上的國民生產總值，而 2004 年度財政總收入的七成半來源於賭博專營權之直接稅收。博彩業的發展帶動了澳門經濟的繁榮。澳門博彩業由來已久，極負盛名。清末詩人丘逢甲在其《嶺雲海日樓抄》中就有詠昔日賭館的詩句：「銀牌高署市門東，百萬居然一擲中。隨向風塵勞鬥色，博賭從古有英雄。」〔註1〕

談到澳門博彩業的起源不能不提到葡萄牙本土的彩票。彩票在葡萄牙發行的歷史可追溯到 1688 年。至 1783 年，葡萄牙女王唐‧瑪麗亞一世出於慈善福利目的，將彩票專營權授予里斯本仁慈堂，准其發行慈善彩票。1810 年 1 月 5 日，澳門才首次被葡國方面准許每年發行一次慈善彩票。1810 年 6 月 15 日，喪權流亡到巴西的葡萄牙王朝攝政王唐‧若奧五世，鑒於澳門財政困難，逐敕令准許在澳門成立一家彩票發行站，從中抽取博彩稅資助那些福利、慈善機構。這是澳門發行彩票的最早記錄。由於冠以慈善的名義，發行對象也不是華人，故未受到來自清廷方面的嚴厲制止。瑞典籍歷史學家龍思泰在《早期澳門史》一書中說：「……澳門神聖的慈善機構創建於 1569 年，它的第一位主管是澳門教區的主教賈耐勞。」〔註2〕

〔註 1〕轉引自鄧開頌、陸小敏：《澳門滄桑》，珠海出版社，1998 年版，第 281 頁。
〔註 2〕轉引自胡根《澳門近代博彩業史》，廣東人民出版社，2009 年版，第 69、70 頁。

1844 年，澳門在行政上脫離果阿管轄，與帝汶、勞錄群島共同組織一個海外省。為保證該省財政收入，1847 年，葡政府頒佈法令，宣佈澳門賭博合法化。從此賭博業成為澳門一種合法經濟活動，政府從中抽稅列入財政收入，致使澳門賭風日盛。賭業日益發達。1934 年，澳門政府宣佈允許各種賭博業有專利權，並採取投標方式承辦全澳賭場業務。1939 年，葡萄牙政府特准由里斯本仁慈堂發行的葡國國民彩票，可在葡國國境及附屬海島暨非洲屬地發行；除澳門外，其他屬地不許擅發彩票。除繼續發展旺盛的賭博業之外，澳門其他新型娛樂建築業逐漸增多。隨著澳門逐漸向現代化轉變，一些符合現代社會生活要求的娛樂設施也在二十世紀左右登錄澳門。使之逐漸發展成為以賭為主的休閒娛樂型城市。

（一）傳統手工業衰微

5.1 澳門漁業生產

三十年代中期，澳門最重要的產業仍是漁業，該業擁有漁船約二千艘，男女工人約四萬人；最重要的出口商品仍是鹹魚，每年達到三百萬元左右，約占澳門出口總值的 30%，〔註3〕因此人們從不將澳門視為工業城市，不少中外人士將其視為漁村。五十年代以來，澳門漁業一直徘徊不前，難以突破瓶頸。黃啓臣認為究其原因，「一方面是由於石油價格狂漲，使出海捕魚成本劇增，漁民難以為繼，紛紛棄船上岸另謀出路。另則因為澳門鄰近的淺海水域受到河水污染，漁業資源遭受嚴重破壞，使魚獲量大減」。〔註4〕並且轉引了黃漢強《澳門經濟年鑑》中《漁業調查》：「1980～1994」年澳門漁業生產情況之數據，說明漁業生產逐年萎縮之狀況。如與 1982 年之漁獲量 9050 噸，指數 136.2 相比，1994 年之漁獲量僅 1930，指數 29.0，漁獲量已大大減少。〔註5〕

由於漁獲量的減少，漁業生產鏈的各個環節亦受到相應影響，如船舶製造業、修船業，和漁獲代理業等。造船業是澳門古老的工業行業。四百年前與鑄炮業齊名。1980 年是澳門船舶業的第二個低谷，全年下水新船僅有三十多首，為歷史最低記錄。然而 1983 年卻出現了高潮，新船竟達 250 艘，產值

〔註3〕費成康：《澳門四百年》，上海人民出版社，1988 年版，第 403 頁。
〔註4〕黃啓臣：《澳門通史》，廣東教育出版社，1999 年版，第 545～546 頁。
〔註5〕引自黃漢強：《澳門經濟年鑑》（1984～1986 年），第 205 頁；澳門統計暨普查司：《漁業調查》（1992～1993 年）。

爲 3.5 憶元。澳門造船業之時起時落，總的趨勢爲落，正是因其漁業生產衰落所至。七十年代以來，澳門附近海面的漁業資源遭到不斷破壞，使海產量大幅下降，漁民失收虧本，無力再造新船。而魚欄縮減貸款，更是造成漁民資金匱乏，無力籌措資金投入新船製造。迫使部份青年漁民不願繼續以捕魚爲生，而離船上岸另謀生路。造船業對新漁船的需求之減少，致使發展緩慢。

同時，與造船業關係密切的修船業，包括漁船的修補、翻新、機器設備的安裝與修理等，也隨著漁業發展的萎縮而消減。據有關學者統計數據表明，1980 年，澳門遊大小漁船 1452 艘，漁民 1.3 萬多人；1984 年爲 1700 艘，漁民 1.5 萬人。到了 1989 年，漁船下降至 800 艘左右，而當年在澳門完成漁獲卸下的船隻僅 342 艘，1990 年下降至 257 艘，1993 年則爲 201 艘，1993 年比 1989 年減少了 41%，1988 年漁民也降至 5000 多人了。〔註6〕澳門的漁業生成雖然處於萎縮狀態，但其漁業資源卻是十分豐富的，漁民從澳門周圍大陸架的水域中可以捕捉到 150 多種有商業價值的海魚。

5.2 爆竹、火柴、神香業

五十年代初期，澳門還是半島漁村經濟形態，僅以爆竹、火柴、神香三大手工業爲傳統經濟依託。在三十年代初期，這三種產品的出口總值接近於澳門出口總值的 40%，〔註7〕每年出口額爲 1000 萬澳門元；出口產品中，除漁產外，主要是爆竹、火柴、神香。據 1930 年統計，由澳門輸出的爆竹、火柴貨值各爲 150 萬葡元，兩者合計共 300 萬葡元，占當年澳門出口總值的 31%。〔註8〕本世紀 20～30 年代，全澳門計有神香廠（店）23 家，著名的有「上黃檀息香」、「龍涎盒茄香」等品種。其氣味芬芳「可以延祥，敬神祭祖」。除在澳門經銷外，還銷往香港及「金山南洋各埠，及中國南北各省」。製造神香的主要原料是香料、香粉、香膠、香骨等。這些原料主要靠從印度、印尼、日本等國進口。至 1958 年，傳統的漁產及三大手工業產品仍占出口額的 61.3%，而在就業方面，這三大傳統手工業所佔比重更大。1957 年，澳門有工業工人 17,615 人，三大手工業佔了 90%。〔註9〕對澳門傳統手工業產品：

〔註 6〕以上數據參見黃漢強、吳志良主編：《澳門總覽》，澳門基金會，1996 年版，第 255 頁。

〔註 7〕參見彭琪瑞等編著：《香港與澳門》，商務印書館香港分館，1986 年版，第 26 頁。

〔註 8〕黃啓臣：《澳門通史》，廣東教育出版社，1999 年版，第 326～327 頁。

〔註 9〕魏秀堂：《澳門面面觀》，中國建設出版社，1989 年版，第 39～40 頁。

爆竹、火柴與神香等，最早實行禁運的是美國。不過，因葡萄牙對澳門開放了西非和東非葡屬地區的市場，仰賴廉價勞動力的傳統手工業在澳門仍佔有相當地位。

澳門的爆竹工業，工廠、作坊眾多，其在本世紀被視為澳門唯一的工業，在以後的數十年中，也一直傲居三大工業的首位。這些手工業能在彼時得到一定程度的發展，主要因為很多內地居民為躲避民國初年持續的戰亂而紛紛入澳，在大革命失敗後還有更多的工農群眾為了免遭殺戮而退到澳門，所以當地人口從 1910 年到 1927 年間，自七萬多人增加到十五萬以上，〔註10〕從而使當地勞動力充足，工價低廉，具備發展手工業的基本條件。同時，澳葡當局對進口原料抽稅較低的政策，也有利於當地的產品降低成本，從而增強在海外市場上的競爭能力。

澳門的神香大部分供應外貿出口，銷往香港及東南亞國家。蚊香則遠銷東南亞、澳大利亞、非洲和美洲各個國家和地區。

由於工業技術的升級更代，國際市場要求產品多元化，貿易競爭的加劇，面臨嚴峻局面，澳門工商界、實業界的有識之士，為了自身的生存壯大，先在各自所經營的實體內部進行了一系列卓有成效的隨應世界經濟潮的改良行動。六十年代後期，澳門經濟結構發生顯著變化，即以現代工業取代傳統手工業，繼而出口加工業和建築置業等勃然興起，使澳門經濟由博彩業一枝獨秀變為多元化。

澳門受到香港經濟發展和世界潮流的推動，積極採取較開明的政治經濟政策，以吸引投資者。1974 年，葡萄牙國內由於革命的成功，結束了專制獨裁統治。並准許澳門享有內部自主權，以法律的形式，確定了澳門的政制。更由於中葡關係的改善，兩國都為保持澳門的繁榮而努力。此般良好的法制環境，為吸引海外投資者提供了用武之地。近幾年來，新設工廠更多，代之而起的是製衣、針織、彩瓷以及新興的電子玩具、人造花等行業。投資者大部份是海外及香港的實業界人士。

（二）新興產業的發展

5.3 玩具業、人造花與電子工業

六十年代後期，歐洲市場開始限制進口香港輸出的紡織品，而對澳門

〔註10〕黃漢強主編：《澳門經濟年鑒》，《華僑報》，1983 年版，第 112 頁。

卻給予優惠。在這種情況下，不少香港廠家來澳門投資，或者把定單轉給澳門已陸續建成的紡織工廠，使澳門工業發展獲得很大推動力。1971 年，工業先進國家，首先是西歐共同市場成員國，制定了對發展中國家製造業產品的普遍優惠制度。後來，日本、挪威、瑞典、新西蘭、澳大利亞和美國、加拿大也參與實行這種制度。這些國家對澳門的非成衣製品，如玩具和人造花等，給了很寬大的關稅豁免及出口配額。這對澳門的工業化步伐具有很大的促進。這種有利的國際環境使澳門在經濟發展條件方面得天獨厚。

　　澳門不僅具備有利的客觀環境，同時也有利用它和適應它的主觀條件。澳門可謂「船小好調頭」，這裡的工廠以中小型為主。因為規模小，產品適應性很強。國際市場上出現新產品，幾天之內澳門工廠便有反應。兩三個月後，澳門生產的同類產品便出現在國際市場上。這是因為規模小，迴旋餘地大。某類產品被淘汰時，廠家很容易將資金和廠房投入新的行業。

　　在澳門十大工業產品中，出口值名列前茅的是：玩具業、電子業、針織業、製衣業、和毛紡業。其中，玩具業已成為澳門出口的拳頭產品。一些國家對澳門的玩具免稅進口。如隨著澳門工業一起發展起來的澳門賀田工業公司玩具廠，其所生產的產品是塑膠玩具，式樣和功能比在內地市場上的同類玩具要先進，這些玩具全部出口西歐共同市場和美國，年產值三千萬港元。澳門的許多其他工廠都與賀田公司一樣，是在其後一二十年內發展起來的。隨著澳門工業的轉型，賀田工業公司、寶法德電子公司、勝生製衣廠等一批科技含量較高的企業嶄露頭角，對澳門整體科技水準的提高起了重要的作用。目前，澳門在電子電腦、電力供應和環境保護三個方面有所突破，在鐳射加工模具、新建築材料、微電子積體電路設計、數學偏微分方程研究等方面也有新的進展。

　　澳門的工業是外向型的，所以，離不開對外貿易。1978 年前，澳門經濟增長率一般只有 5.6%，之後，則出現過 55%、44%這樣的驚人速度。1984 年的出口工業總額達 73 億港元，比 1978 年增加 4.6 倍。〔註11〕這時的澳門，工業製造和對外出口已成為比旅遊和博彩業更重要的經濟支柱。故澳門政府轉而採取措施，支持工業發展，努力推行工業多元化，改善投資環境，吸引外資，並鼓勵當地廠商開工廠。1987 年，澳門的生產總產值按人口平均超過了

〔註11〕魏秀堂：《澳門面面觀》，中國建設出版社，1989 年版，第 43、47 頁。

三千美元，躋身於世界第五十位，在東亞地區僅居於汶萊、日本、新加坡、
香港和臺灣之後，而位居第六。

1988 年 6 月，澳門路環島九澳舉行了深水港奠基儀式。由葡萄牙、我國
內地和澳門三方合資進行，由葡方德力建築公司和中國港灣工程公司聯合承
建的第一期工程，已於 1991 年建成並投入使用。為佔地 4.5 公頃的貨櫃碼頭，
兩個長 150 米和 170 米的停泊區，作業區為 7000 平方米，貨櫃停放處 20400
平方米，貨倉 1200 平方米（可擴大至 4000 平方米），一年可裝卸 8 萬個貨櫃
標準箱。這些專案的完成，對加強澳門工業出口貿易的基礎和澳門經濟的發
展無疑具有重要意義。

5.4 澳門海事與水上交通業

1）澳門海事史略

據有關澳門宋代至煙片戰爭時期的海事史料載述，這一時期澳門海域一
直處於風雨飄搖之中。十三世紀前，澳門杳無人煙，亦未正名。南宋咸淳七
年至南宋恭帝德祐二年（1271～1276），蒙古定國號為元後，大舉攻宋，南
宋文武百官逃亡，先後來澳。其中最大一批是張世傑率領的宋軍及民兵五十
萬人，船舶二千多艘，簇幼主端宗，來到澳門海面。1277 年（南宋景炎二年），
元軍南下滅宋，宋端宗趙昰在廣州失陷後，乘船逃至澳門海面以南的大橫琴
的井澳（仙女澳）。趙昰和張世傑等軍民在澳門地區出海遇颶風襲擊，上岸
棲居，並憑藉澳門媽閣山和路氹高地擊退元軍，從此，澳門逐漸有人居住。
〔註 12〕

十六世紀中葉（明世宗嘉靖以前），澳門仍是一片荒涼，人煙稀少，只有
舟船寄泊。明嘉靖十四年（1535），前山都指揮黃慶受葡人賄賂，准許葡人來
澳，使葡人取得在澳門停靠碼頭、進行貿易的便利，〔註 13〕清政府規定葡人
每年繳稅二萬兩。明嘉靖三十二年（1553），葡人藉口航船觸礁下沉，風濤入
倉，「願借濠鏡地曝諸水漬貢物」，同時賄賂廣東海道副使汪柏，獲許登陸澳
門。但明朝廷未正式允許。

明嘉靖三十六年（1557），葡人正式佔據澳門，依山建樓房築炮臺修城牆，
強據海畔。葡人宣稱澳門正式開埠。明萬曆二年（1574），明朝在澳門與內地

〔註 12〕 參見黃鴻釗：《澳門史綱要‧澳門歷史大事年表》，福建人民出版社，1991 年
　　　　版，第 270 頁。以及《澳門通史‧澳門歷史大事記》，第 644 頁。
〔註 13〕 吳志良等：《澳門編年史》，第 1 卷，63 頁。

連接處蓮花莖設關閘，派官兵把守，以限制日益眾多的葡人擴占土地。明崇禎八年（1635），里亞公約簽訂，准許英國在東方各地葡屬海港通商。第一艘英國船在澳門下錠。

清順治四年（1647），兩廣總督佟養甲以通商裕國為由，奏請復許通商，但禁止澳門葡人入廣東貿易，只准商人載貨往澳。澳門商業自是復蘇，澳門遂成為廣州之外港，是外船停泊的唯一港口，獨霸中外貿易。

清康熙十二年（1673），澳門此時已有洋船二十五艘，每年十月到第二年三月，陸續起航出洋貿易，每年得利百萬。清康熙二十四年，清庭在澳門關前設立海關，成為當時中國四大海關之一（其他三大海關為雲臺山、寧波、及漳州）。清康熙五十六年（1717），清廷頒佈南洋航海禁令，中國商船不得往南洋貿易，但葡人通過其傳教士李若瑟在京說項，澳門葡人得准免受此項，澳門一時又成為中外貿易總匯，貿易關稅一年達二萬兩，人口亦增加，葡人籍此特權發展澳門商務。

清雍正三年（1725），清規定澳門葡人船隻限額為二十五艘，編列字型大小，不准增加。清乾隆四十九年，（1784），美國商船「中國皇后號」，於8月24日抵達澳門。這是第一艘到達中國的美國商船，也是中美通商的開始。

嘉慶七年與十三年，英兵兩次派兵入侵澳門半島，均受挫。清道光一年（1821），清廷因鴉片問題聲明將封鎖澳門。道光二十三年（1843），鴉片戰爭後，中英於1842年8月訂立《南京條約》，割讓香港，又開放廣州、福州、廈門、寧波及上海五地為通商口岸。葡人亦藉口要求清廷豁免澳門租金五百兩，以及將由關閘至三巴門一帶地方撥歸葡人駐兵把守，均為清廷拒絕。不過，自此以後，由於香港的崛起，五口的開放，澳門雖仍為商港，但地位一落千丈。〔註14〕

十八世紀至十九世紀初期，氹仔島上只有兩座小山丘及一個海港，專供商船停泊，印度人便是在海路與中國從事貿易來往。他們的船隻盛載著棉紗及各種製成品，沿珠江運往廣州，回程時則購買茶葉，絲及瓷器等中國特產，再轉銷世界各地。

澳門南臨南海，西岸濠江連接東、北、西三江，與珠江三角洲水道相通。四百多年前，澳門就成為中國對外貿易以至國際歐亞貿易中的一個重要中轉

〔註14〕參見王文祥：《港澳手冊・澳門大事記》，中國展望出版社，1991年版，第911～916頁。

站。而且是中國最早對外開放的港口，曾以帆船製造業名噪一時。特別是鴉片戰爭後，大型的遠洋輪逐步取代了中小型的人力帆船。

2）澳門水上交通業

在鴉片戰爭前的一段較長時間裏，澳門作為中國開展對外貿易較早的一個商埠，曾為溝通中國和西歐、東南亞、日本及美洲的貿易和文化，起過一定作用。鴉片戰爭後，葡萄牙宣佈澳門為自由港，其時，中國已開放了五個通商口岸，加之香港的崛起，澳門作為貿易港口的重要性大為削弱，澳門受自然條件等限制，其自由港的發展緩慢而不完善，作用與地位遠不如香港，但它仍具有自由港的主要內涵和基本特徵，並在經濟上得到了一定的發展。

隨著澳門海域水道日益淤塞，沒有深水港，澳門已經沒有直接的遠洋運輸。只有沿海運輸與內地運輸。港澳客運碼頭，擁有世界先進水準的噴射船和飛翼船數十搜，但通航範圍只限於港澳之間，且為賭公司所壟斷，通往內地的港口城市只有較落後的內河輪船。

澳門港口水道之淤淺，致使大型船隻不能停泊，加之鄰近的香港開埠，造成澳門的海外運輸絕大部分都通過香港轉運，澳門的船運依賴香港。從而刺激了澳門同香港的水上客貨運輸業的發達。在澳門的對外沿海運輸中，一向以澳門至香港的直達航線為主。往來港澳航線的載客船共三十二艘，平均每日有一百九十班船往返於港澳之間。〔註15〕

十九世紀後期，澳商人創辦「省港澳輪船公司」，該公司購買了美國製造的「金山號」、「白雲號」、和「火輪號」，航行於省、港、澳三地之間。並在三地分別建設碼頭。從此以後，澳門到廣州、香港有定期海上航班。

澳門與內地的水上交通亦日臻便利。澳門和廣州、江門、三埠、石岐之間都闢有直達航線，每天都有輪船往返其間。港澳之間的交通尤為發達，在二十世紀二十年代，已有七艘客輪在這條航線上行駛。在1921年疏濬港灣、航道的工程動工後，港灣的深度有所增加，稍大的輪船得以入泊，澳門的水上交通因而獲得了進一步發展。

1931年，澳門往來於港澳之間較早的輪船是瑞安號、瑞泰號、大興號、泉州號、中興號、新民興號、新國慶號等七艘輪船。〔註16〕

〔註15〕王文祥主編：《港澳手冊》，中國展望出版社，1991年版，第531頁。
〔註16〕黃啓臣：《澳門通史》，廣東教育出版社，1999年版，第346頁。

圖片來源：田若虹攝於澳門海事館

　　1941 年，太平洋戰爭爆發，香港淪陷，港澳交通中斷。此時，澳門至廣州航線有所恢復，有「南昭丸號」、「南和丸號」、和「幸運丸號」三艘火輪，航行於省港澳之間。

　　澳門有三個主要碼頭，分別為位於澳門半島海港前地的外港碼頭；位於澳門半島西面的內港碼頭；和位於氹仔北安的氹仔臨時客運碼頭；此外還有位於路環九澳，毗鄰澳門國際機場的澳門貨櫃碼頭。海上航線通達珠海、深圳、江門和香港。

　　「外港碼頭」，全稱「外港客運碼頭」，俗稱「港澳碼頭」或「新港澳碼頭」。外港碼頭原位於回力球場停車場，今新八佰伴百貨。碼頭的主體建築面積為 65，000 平方米，設有十四間候船室、貴賓廳、海關和出入境設施等，外港碼頭可停泊十二艘噴射船和兩艘客輪，是澳門的出入境口岸之一，也是現時來往香港與澳門的主要途徑。在 2007 年，約有 898 萬人經海路入境，約占總入境人次的 33%。在 1998 年，約有 67%的入境旅客經海路入境。它提供往來澳門、香港中國內地客輪服務，另外，碼頭天台亦設置直升機停機坪，提供來往港澳的直升機航班。

　　位於澳門半島西面的澳門內港碼頭，屬西江支流，水道處澳門半島與珠海灣仔之間。內港由十二號燈塔起至筷子基尾，全長 3500 米。〔註 17〕由三十四個碼頭組成，貨物之裝卸都在此運作。

　　清同治年間，內港已成為北灣及淺灣的統稱。外國商船最早於澳門北灣作為停泊商港，其堤岸為半環形。由於貨運依賴水路，內港一帶早已為繁榮地區。據《澳門圖記》載述：「其西洋舶既入十字門者，又須由小十字門折而

〔註 17〕黃啓臣、鄭煒明：《澳門經濟四百年‧交通運輸業》，澳門基金會，1994 年版，第十八章第一節。

至南灣，又折而至娘媽角，然後抵澳。其水路至香山，須易小艇，夷舶不可到也。」由此看來，其天然水道淺窄。1868 年，澳葡政府將北灣塡塞，並築成一道直堤小路，旁邊築有拱形鋪樓。1923 年，政府再塡海擴闊沿堤馬路和興建碼頭，使內港成為現代化商港。〔註 18〕

中國改革開放後，內港已發展為重要的海路交通樞紐，是連接香港及中國內地的運輸中心和漁業港口。為擴大內港碼頭面積，澳葡政府在 1980 年提出重建內港碼頭計劃，內港航道在 1984 年加寬至 50 米。內港碼頭在 20 世紀80 年代澳門漁業的興盛時期，漁船雲集，魚欄林立。區域內皇宮娛樂場及金碧娛樂場，增添了內港一帶的繁華。據 1985 年統計，澳門內港共三十八個碼頭，其上倉庫有十二座（不包括商人自用倉庫）。〔註 19〕

20 世紀 60～70 年代，外港碼頭搬遷始令內港海路樞紐角色產生根本性變化。1998～1999 年娛樂場相繼遷離、漁業式微和路環九澳深水港在 1990 年投入運作等不同原因，內港的商業活動逐漸減退。不少沿線的碼頭遭丟空或閒置。1995 年，根據《內港重整計劃》，港口活動區域重新分配為三個用途區域：一般貨運用途、商業活動及服務業用途、漁業有關之活動及非貨櫃方式之一般貨運用途。

澳門氹仔北安碼頭位於澳門友誼大橋氹仔出口之側，為大橋之終點，起點在新口岸水塘北角，外港碼頭處。該碼頭在氹仔北面，向著澳門，碼頭設施極為簡陋，過去使用率極低，20 世紀 80～90 年代間凱悅酒店已設高級賭場，有人建議興建一座新式噴射船停泊碼頭，以利便港客來氹仔旅遊博彩，但未能實現。興建友誼大橋時曾利用該碼頭運輸建設物資，發揮頗大功能，新大橋建成後，該碼頭又受冷落。

2007 年 10 月 16 日，新落成的澳門氹仔臨時客運碼頭在氹仔北安投入使用，總造價二點一八億澳門元。客運碼頭將開通澳門至香港及珠江三角洲的航線，新澳門氹仔臨時客運碼頭由出入境監控大樓和靠泊碼頭組成。據澳門特區政府網站報導，港務局局長黃穗文宣稱，特區政府在審批有關申請時主要考慮開放本澳的海上客運市場，借著引入競爭機制，從而提升業界服務質素，並吸引更多旅客使用澳門海上客運服務。同時，她強調，船隊的質素以及申請公司在海上營運方面的經驗，亦是政府作出審批的重要考慮點。氹仔

〔註 18〕黃德鴻：《澳門掌故・內港》，中國文聯出版公司，1999 年版。
〔註 19〕王文祥主編：《港澳手冊》，中國展望出版社，1991 年版，第 531 頁。

臨時碼頭設有三個高速客船泊位，出入境大堂各設二十個查證櫃位。入境大廳面積 1070 平方米、出境大廳面積 560 平方米、候船室面積 960 平方米，可同時容納一千二百人出入境。〔註20〕此舉可望實現政府「海空聯運」之構想。

澳門九澳港於 1991 年竣工，並正式投入使用。目前僅有一個 135 米長的碼頭泊位，貨櫃堆場 20400 平方米，碼頭起卸區 7000 平方米，倉庫 1200 平方米。由於受水深限制，最大只能停泊五千噸以下的貨輪。平均每天有兩艘貨櫃船和一點五艘散貨船進港，處理貨櫃量一百二十個左右。90%以上的貨船運營澳門到香港和珠三角之間的航線，主要是一些一千噸左右的泊船把貨物從澳門運到這些較大的港口，然後再進行轉口。

另外還有一些不定期的貨船到臺灣。澳門與臺灣高雄之間的海上客運航線亦開始運行，臺澳的海上直航，除了兩地居民可以進一步開展文化和商業交流外，還為前往中國大陸探親的臺灣人士開闢了另一條方便途徑。

3）世界最長的跨海大橋港珠澳大橋

目前在澳門半島和氹仔島之間有三條大橋連接。分別是嘉樂庇總督大橋（1974 年落成）友誼大橋（1994 年落成）和西灣大橋（2004 年落成）。計劃中的港珠澳大橋澳門落腳點選定東方明珠。

據澳門日報報導，港珠澳大橋將於 2009 年 12 月 20 日正式動工，作為澳門回歸十週年慶典系列活動的一項內容。港珠澳大橋是一座連接粵港澳三地的大型跨海通道，全長 49.968 公里，全部工程包括三項內容：一是海中橋隧工程，此為港珠澳大橋的主體工程；二是香港、珠海、澳門三地口岸；三是香港、珠海、澳門三地連接線。

其中主體工程「海中橋隧」長達 35.578 公里，其規模將超越現時世界上最長跨海大橋杭州灣跨海大橋，建成後將成為世界最長的跨海大橋。海中橋隧主體工程及珠海接線將按六車道高速公路標準建設，設計行車時速每小時 100 公里。整個大橋造價超過 720 億元人民幣，由中央以及粵港澳三地政府共同出資興建，計劃收費五十年。

港珠澳大橋建成後不僅僅只是世界最長的跨海大橋，其多方面標準在中國都是首屈一指，將建成真正堪稱「中國第一橋」。內地大橋一般使用壽命都是五六十年，杭州灣大橋主體工程提高到一百年，而根據香港的標準，港珠澳大橋的設計使用壽命是一百二十年，並且無計劃之外的大修。

〔註20〕參見：「中國新聞網」，2007 年 10 月 17 日。

　　根據沿海海域颱風的特點，防颱風也是大橋工程考慮的因素，港珠澳大橋能抗擊每秒 51 米的風速，這相當於最大風力十六級。另外，港珠澳大橋建成後可抗八級地震。

　　在港珠澳大橋設計中，防撞問題也是工程研究重點。大橋設計有三個通航孔，每個可防 3 萬噸衝擊力。在海底隧道兩端各建一個人工島，在兩個人工島周圍排放了石頭形成斜坡，如果有船太靠近就會擱淺。另外還建有防撞墩，它們可防 30 萬噸撞擊。

二、澳門特種行業的興旺

（一）澳門博彩業

5.6　澳門博彩文化的畸形繁榮

　　博彩業（Gambling Industries）即以博彩活動為支撐的產業，按照國際通常的劃分，博彩業大體包括賭場、賽馬、彩票等不同活動種類和層面。博彩業在歷史上一直是一個有爭議的事物，回顧世界各地的博彩業，特別在歐美國家，幾乎都出現過嚴禁——開放——再嚴禁——再開放的迴圈經歷，其間爭論的核心，就是利弊問題〔註 21〕。博彩業的發展與一個地區的經濟發展狀況和社會開放程度密切關聯，一般來說，經濟比較發達的地區，文化的多元性發展比較明顯，其博彩業相對比較發達；而經濟比較落後的地區，文化的多元特徵不明顯，傳統的道德因素佔了上風，其博彩業則相對比較落後〔註 22〕。

　　澳門的博彩業史差不多與澳門的開埠史同步，其賭業已有一百四十多年歷史。1847 年已有賭博合法化的法令。據《澳門政府憲報》所載的 1887～1888 年的歲入報表中，有關白鴿票專營餉項一欄，其中的注釋云：「白鴿票賭博是應華人的請求，於 1847 年 1 月，由澳門總督批准設置。」〔註 23〕

　　賭業專營，由政府開設。1896 年 7 月 10 日起，葡萄牙禁止賭博，其博彩業雖長期處於法律的邊緣，但 1937 年還是出現了專營賭場。1937 年的《大眾

〔註 21〕Du X H. Expolring human resource challenges in the casino industry[J]. Journal of Macau Gaming Research Association，2007,1（4）：24～30；轉引自王鵬：澳門博彩業與文化創意產業的融合與互動研究。

〔註 22〕鄭華峰：《澳門博彩業的恒久博弈與政府選擇》，《學術研究》，2008，（5）：93～96。

〔註 23〕引自：吳志良等：《澳門編年史》，第 4 卷，廣東人民出版社，第 1623 頁。

報》報導：「蓋白鴿票與鋪票之開彩，悉聚於是，輝煌之燈牌，左右高懸……每觀鄧牌之光動而異，此種特景，乃澳埠所僅有，而尤以夜間開彩時，更是熱鬧。」

1961 年，葡萄牙海外省頒佈法令，准許澳門以博彩作爲一種「特殊的娛樂」，強調賭業對經濟發展有很大促進作用，從而使長期存在的澳門博彩業正式合法化。

澳門是一座博彩業非常發達的城市，其規模漸與美國拉斯維加斯博彩業相若。中西多元文化的交流融匯，使澳門博彩業呈現出紛繁複雜、變幻莫定的狀態。百多年來，特別是近半個世紀以來澳門博彩業發展神速，其與蒙特卡羅、拉斯維加斯並稱世界三大著名賭城。由於澳門地理及歷史條件的特殊性，博彩已成爲澳門政府賴以生存的「支柱產業」之一，以至澳門地區的不少公共設施的建設，皆由博彩機構完成。

霍英東在 2002 年 3 月聲明宣佈退出「澳娛旅遊娛樂有限公司」時強調指出：「澳娛」成立之初其宗旨是不牟利。當時公司所得的利潤，九成用於建設發展澳門，包括發展外港、現代化酒店及高速快船等；餘下一成則用於澳門的慈善事業。

同時他宣佈在澳門成立一個基金會，並將所持約值六十至七十億元的「澳娛」股份，全部捐贈該基金會，用於發展澳門經濟及公益事業。並表示「該基金會將在澳門特區政府的監管下組成」。當年，還處於壟斷經營狀態中的澳門博彩專營公司，在海陸空、金融、房地產、飲食、娛樂事業、文化藝術、新聞傳媒等多個行業都有巨額投資，在澳門三十多項公共專營事業和所有經濟、文化領域中建立了千絲萬縷的關係，差不多控制了整個澳門的經濟命脈。

5.7 東方之蒙地卡羅

蒙地卡羅是摩納哥大公國的一個地區，位於法國的東南部，原是法國的殖民地，1911 年獨立，成爲君主立憲制國家。摩納哥是世界屈指可數的袖珍王國，國土面積才 1.95 平方公里，人口 3.4 萬。由於它過於弱小，以恬靜安寧、與世無爭的中立政策在動盪的歐洲存在著。它沒有海關，自然不徵收關稅；沒有軍隊，自然不會介入戰爭。於是，摩納哥成爲了世界王公貴族和富商名士的旅遊地、銷金窩、避難所。蒙地卡羅堪稱爲賭城，或者說它是個賭國。賭城佔有摩納哥大半國土。它的主要財源來自海岸觀光旅遊和賭博業，長期以來，「蒙地卡羅」就是揮金如土的代名詞。

澳門因博彩業歷史悠久，跨越三個世紀，被冠以「東方蒙地卡羅」及「亞洲拉斯韋加斯」之美譽。為增加澳門稅務源頭及主流經濟的產業多元化，澳葡政府於 1847 年，首次正式把澳門博彩業合法化。19 世紀 50 年代，單是玩「番攤」的賭館已有 200 多家。（番攤，即作莊賭博遊戲，19 世紀後半期流行於美國西部）到了 19 世紀後期，博彩業漸趨發達，賭餉成了政府的主要收入來源。舊澳門的四個半世紀，葡萄牙人作為統治者，雖然在人口結構上基本上不是主體，從里斯本移植來的葡人文化儘管風雨滄桑時強時弱，卻一直是受保護的「官方文化」。殖民時代從葡萄牙引入之賭場，賭博業，成為了澳門現時最重要的經濟支柱。

1962 年，由葉漢、葉得利、何鴻燊及霍英東等人組成的新專營公司，註冊並取名為「澳門旅遊娛樂有限公司」。它的第一間娛樂場「新花園娛樂場」於同年開幕，從此展開其長達 40 年的幸運博彩專營事業。而旗艦業務「葡京酒店」及「葡京娛樂場」，於 1970 年全部建成開幕。從開業至 1982 年，「澳娛」共獲准經營法例所規定的十多種博彩形式，其中包括番攤、百家樂、花旗骰、骰寶、廿一點和角子機等博彩形式。

2004 年 2 月，澳門東方娛樂場被美國《福布斯》雜誌評選為全球十大最佳賭場之一，是亞洲唯一一家入圍的賭場。在十大最佳賭場評選中，歐洲占四家、美國及加勒比海各占兩家、南非和亞洲各占一家。

據有關統計，2009 年澳門博彩稅的收益約占澳門特別行政區政府財政收入七成多。近年，澳門的博彩毛收入更是超越了美國拉斯韋加斯金光大道，成為全球第一大賭城。澳門博彩業主要分為：幸運博彩、相互博彩和運氣博彩三類。幸運博彩就是娛樂場裏的各種賭式，像百家樂、二十一點、輪盤和骰寶等等，娛樂場一般附設於大酒店，全部是 24 小時營業；相互博彩是指賽馬、賽狗、回力球以及賽馬車等娛樂，其中回力球和賽馬車兩項已經徹底結束了，賽狗在全亞洲只有澳門一地舉辦；運氣博彩則是指彩票，傳統的山票、鋪票現在已被足球體育彩票所代替，白鴿票經歷了白鴿派彩與師爺派彩的方式現在也進入了電腦抽彩時代。三類博彩中以幸運博彩最為普及。

5.8 澳門賽馬博彩業

據說最早的博彩起源於賽馬，中世紀初，當時的莊園主之間為了展示自己莊園馬匹和馭手的實力，展開了賽馬比賽，起初是兩個莊園主之間的較量，後來吸引了大量的村民圍觀，又吸引了更多的莊園主與觀眾的興趣，最後逐

步形成了一項重要的社會活動。在賽馬活動前，人們對比賽結果持有不同的
看法，一些人為了證明自己的預測觀點正確，往往通過下賭注的方式來驗證
自己的觀點正確，為了這種賭注能公平合理地使獲勝者得到，人們一般把賭
金交給德高望重、誠實可信的中間人保管，並且支付一些小費。中間人獲得
了一定的好處之後，即更加熱衷於這種比賽活動，他們終於成為了職業的博
彩商，俗稱「莊家」。如今則已發展成為專業的博彩公司。

　　賽馬，在澳門具有非同凡響的魅力，來自世界各地的遊客多為賭客，對
賽馬亦情有獨鍾。每逢賽馬日，人海車流狂潮般地往馬場彙聚，使亞洲最大
的澳門氹仔賽馬場內座無虛席。賽場外，擠滿排長龍的人群，他們一邊排隊
購票，一邊手持收音機收聽「馬經」，有的還拿出計算器，當場儲進一些跑馬
數據。「馬經」在澳門人的生活中已成為各種場合議論的熱門話題。為了迎合
這類讀者需要，報社還特地闢了「馬經」專版，報導賽季的名駒軼事，包括
馬的操練秘聞、騎師及練馬師的動向，投注指引、內幕軼事等。一到賽馬季，
電臺、電視臺還特請精於此道的著名評馬人作專題性的講評。那常設的馬會，
經過多年的苦心經營，亦將賽馬博彩業企業化、社會化了。它使不少人如癡
如醉地捲入賽馬的漩渦。

　　早在 1842 年之前，澳門即出現了盛極一時的賽馬活動，這項大賽在澳門
持續了三年，至 1844 年結束。1924 年，澳門萬國賽馬體育會獲得賽馬專營權
後，重新在澳門開辦賽馬活動，並於黑沙環開始修建賽馬場。真正意義上的
具有規模的賽事，是於 1927 年由當時獲得賽馬專營權的「澳門萬國賽馬體育
會」於新建的黑沙環賽馬場舉辦的。三年之後，夏頓波士經澳葡政府核准，
承接了澳門萬國賽馬體育會的業務。1937 年，中日戰爭爆發，香港淪陷。依
賴香港賭客之澳門賽馬與賽狗博彩活動遭受嚴重影響，1941 年，澳門持續了
十八年的賽馬活動結束。黑沙環賽馬場因而荒廢。1942 年澳門大饑荒，米珠
薪桂，幾十匹澳洲名駒難逃劫運，統被烹宰，用以餵馬之粟米乾，也廉價出
售，以解澳門一時之饑。〔註24〕

　　1955 年，澳葡政府擬訂了澳門賽馬專營事業辦法。由葉漢於 1977 年獲得
專營權，在氹仔興建澳門賽馬車場，有效期為二十年。三年後，葉漢成立了
「澳門賽馬車會」，並引進了賽馬車運動，因賽事投注額每況愈下，終於停辦。
之後「臺灣脁偉投資開發股份有限公司」收購了「澳門賽馬車會」，將之改造

〔註24〕劉福榮：《五光十色的澳門》，四川科學技術出版社，1990 年版，51 頁。

爲平地賽馬場，並於 1989 年 9 月舉行首日賽事。同年年底賽馬會被澳門娛樂有限公司收購，至翌年重新開賽。澳門賽馬會聘請約 1,400 個雇員以及約 1,100 個兼職人員，是澳門最大的私人雇主之一。六年之後，澳門旅遊娛樂有限公司和澳門賽馬有限公司與澳葡政府分別簽署幸運博彩專營權及賽馬專營權合約。2002 年 9 月 27 日，澳門賽馬會與香港賽馬會就港澳兩地賽馬會合作事宜，在香港舉行首次會議，初步交換了意見與相關數據。次年，澳門賽馬會與香港賽馬會達成共識：其一，兩個賽馬會每年各自在香港、澳門舉辦一場友誼賽；其二、澳門賽馬會將探討轉播香港賽馬會全部賽事等。2004 年 2 月 15 日，港澳兩地賽馬會合辦的首屆「港澳杯」埠際賽馬第一回合在香港舉行，4 月 4 日，「澳港杯」賽馬第二回合在澳門舉行。

澳門有句俗話：「有馬則生，無馬則死」。作爲體育競技的賽馬活動，是一項有益於身心健康的活動，自從加上了受注、投注、派彩後，就成了一種眞正的賭博，由於它既是廉宜的娛樂消費，又是能從心裏和智慧上給人以滿足的賭博遊戲，無需典屋買妻，所以賽馬比賽較之其他任何形式的賭博更具吸引力，據說宣導跑馬意在「以賭制賭」。

5.9 澳門賽狗博彩業

「賽狗」是澳門重要的博彩活動之一，是澳門四大娛樂業的一大臺柱。其於 1930 年，由范潔朋等一群海外華僑及美國商人引入澳門。他們組織了「澳門賽狗會」，興建了賽狗場，亦即「逸園賽狗場」之前身。其經營模式和部份器材皆由當時上海賽狗場引入。1933 年，外籍商人嘉道理接辦澳門賽狗會。1934 年，畢呂儉接辦澳門賽狗會，易名爲南華賽狗遊藝有限公司。1942～1963 年澳門博彩活動曾一度停辦。1961 年 2 月，第 119 任總督馬濟時建議，葡萄牙政府批准開闢澳門爲「恒久性的博彩區」，打造澳門成爲以博彩及旅遊爲主要經濟發展專案的低稅制地區。半年之後，印尼華僑鄭君豹向政府申請恢復賽狗活動，並與澳葡政府簽訂賽狗專營合約。獲批。其與政府簽定了爲期八年的賽狗專營合約，組成「逸園賽狗公司」，並於 1963 年 8 月正式開業。

賽狗場主要是以澳洲賽狗爲藍本，賽狗，是用狗追逐經過訓練的活兔。時至今日，日新月異的科學技術已用來爲賽狗娛樂服務，活兔改爲電兔，電子計算器計算派彩和投注，用終點攝影機來判定贏家。

自 1963 年 9 月 28 日起，澳門逸園賽狗有限公司恢復了中斷逾二十一年的賽狗，並進行了首場賽事。7 月，澳門逸園賽狗有限公司股權易手，澳門旅

遊娛樂有限公司成為該公司大股東。2003 年 8 月 15 日，經濟財政司司長連續發出第 63 號、64 號文批示，准許澳門賽馬有限公司及澳門逸園賽狗股份有限公司接受互聯網投注，有效期分別至 2004 年 8 月 31 日及 2004 年 12 月 31 日。

賽狗博彩歷來認準來自澳洲的專供狩獵用的灰狗，即「格力狗」參賽。賽狗辦法是，讓其在賽狗場繞場一周的跑道上，裝設一條鐵軌，以共電兔滑行，比賽時，狗籠和電兔均以電控制開關，同時開放。一群編有號碼和穿上不同顏色「狗矽」的賽狗，關在狗籠裏，當籠門一開，平日訓練有素的賽狗，猶如脫弦之箭，突蹴而出，向鐵軌上高速滑行的模擬獵獲物「電兔」拼命狂追，以達到終點的先後次序來決其勝負。

1931 年建成的蓮峰山賽狗場

圖片來源：吳志良等：《澳門編年史》

　　據說，格力狗身價昂貴。五十年代，每隻賽狗，價值爲一百多美元。六十年代，上漲爲一千五百美元；時至八十年代，每隻高達三千五百美元。賽狗與賽馬均以到達終點的先後決定勝負。所不同者，跑馬由騎師挽韁執轡，賽狗則無人驅馭，任由格力狗自由追逐電兔。格力狗決定賽事輸贏。故時有毒狗事件發生。有的賽狗在賽場突然抽筋摔倒，或口吐藥丸，甚至暴斃於賽場。也曾發現「起跑籠」被人做了手腳，裝上電芯、鐵線等。如，1972 年 7 月 16 日就發生一起大的毒狗案。三十二頭狗被毒死，致使當晚賽事被迫取消。後查明罪犯係狗房廚師之妻及二名狗夫被周邊狗集團以錢引誘做了手腳。其殺狗罪名成立，分別被判處監禁與罰款十六萬元。

　　「跑狗」場每周有五天賽事，於澳門北區的逸園賽狗場進行，每晚進行十六場比賽，賽事分 350 碼、510 碼和 550 碼的中、短途賽事。每場賽事有六至八隻格力狗穿上不同顏色的戰衣出賽。公眾席入場費爲澳門幣 10 圓（可用於投注）。包廂價錢爲澳門幣 80 圓（周一～周四）或澳門幣 120 圓（周五～周日或公眾假期）觀看比賽時，每人最低消費 30 圓。

　　場內設有酒吧、小食部及餐廳。參與博彩的人士可於賽狗會內進行投注，也可以於場外各投注站投注。賽狗活動現已成爲中國旅行團必定參觀的一個觀光行程，成爲澳門地標景點之一。「逸園賽狗場」，亦爲澳門在亞洲惟一合法經營之賽狗場所。

　　與賽馬一樣，澳門報紙與部份香港報紙皆刊有賽狗博彩賽事，提供往犬隻詳細數據與賽績，以及預測貼士等信息。並提供滾動電臺直播（綠邨電臺 AM），1992～1997 年在澳廣視中文臺提供賽事直播。如今蓮花衛視、香港有線電視十九臺與新經營之綠邨電臺及網上，都能目睹直播賽事。據博彩監察協調局統計數據顯示：澳門賽狗 2005 年隻錄得 6700 萬元毛收入，較 2004 年下跌 20.23%，前景並不樂觀。

5.10　澳門回力球博彩業

　　人們皆熟知舉槓鈴、打網球、俯臥撐等有助於鍛鍊手臂的肌肉，卻鮮知回力球運動。「回力球」是中世紀羅馬軍隊中比較流行的一種遊戲運動，士兵們在高昂的興致中。鍛鍊體力和臂力。這項運動，曾經在歐洲一些國家盛行不衰。回力球運動不僅能鍛鍊臂力，而且能提高大腦的靈敏度。據說意大利馬利耶市一位名叫費利奇，阿納里奧的中年漢就是玩回力球的行家。他從兒時起，便對這種不受時間、場地限制且能鍛鍊手臂力量的回力球遊戲情有獨

鍾。不過，費利奇似乎更在意這項遊戲對於提高大腦靈敏度的作用。他笑稱，自己事業上所取得的成功，有回力球一份功勞。玩球二十載，如今，費利奇能夠連續不停地向牆上拋球 600 多次且百發百中。

　　澳門於 1971 年 8 月 7 日成立了「回力球企業有限公司」。四年後，澳門回力球場落成，投資 6000 萬圓，場地總面積五萬多平方米，有座位伍仟個，1975 年 6 月 15 日在澳門舉辦了首場回力球賽事。一般比賽皆在每晚進行，周末周日有日賽。比賽分單、雙打及淘汰賽，球場內設有六人廂座等。其後，因長年虧蝕，終於 1990 年 7 月結束營業。

5.11　澳門足球博彩業

　　1863 年，世界上第一個國家足球協會——英格蘭足球協會，於 10 月 26 日在倫敦皇后大道弗里馬森飯店成立。這一天被公認為現代足球的誕生日。幾乎與此同時，足球賭博亦在英格蘭誕生。目前公認最早的一次公開足球博彩是 1872 年 3 月 16 日的英國首屆足總杯決賽。足球運動和博彩業的發展規模及水準與一個國家的國民經濟、人均生活水準密切相關。繼西班牙帝國之後，十九世紀，號稱「日不落帝國」的英國是當時世界上惟一的超級大國，它從世界各地殖民地榨取的巨額財富讓英國的公民既有錢又有閒，況且英國人也天性好賭，在這種背景下，足球博彩孕育而生了。

　　足球博彩的形式始於意大利。意大利是舉世聞名的足球強國，第二次世界大戰之後，由於足球場館和其他公用設施在戰爭中全部被毀壞，而國家因財政困難，無力撥款修復，致使國內聯賽一度面臨著巨大困難。於是一些民間組織和球迷團體出面集資修葺體育場館，其中以足球彩票這種集資形式最為有效。隨著足球設施的恢復，推動了足球運動的發展，球市日益紅火起來。可以說意大利足球彩票為其足球的復興立下了頭等功勞。之後，足球博彩的形式也在世界其他國度火爆起來，主要如：意大利、英國、法國、德國、瑞典、荷蘭、巴西、新加坡等。

　　澳門足球彩票有限公司於 1998 年獲政府批准，接受足球博彩投注。博彩剛好趕及這年 6 月前的世界盃賽事，成為了當時唯一亞洲合法經營的足球博彩公司。「澳門旅遊娛樂有限公司」亦積極拓展業務範圍，使之成為澳門博彩業最大的參與者。據澳門博彩監察協調局統計數據顯示，2005 年「足球博彩」有 3 億 2300 萬元毛利收入，同比下跌 24.7%。2003 年 4 月 23 日，澳門經濟財政司司長作出第 41 號、42 號批示，核准《足球紙牌博彩法定規章》及《幸

運輸法定規章》2004 年 6 月 9 日，《澳門特別行政區公報》摘錄刊登澳門彩票
有限公司專營合同延長及修改內容。其中有關於體育彩票——足球博彩專營
權續期 5 年，至 2009 年 6 月 5 日止；體育彩票——籃球博彩的經營權續兩年，
至 2006 年 6 月 5 日止之決定。

　　2001 年 10 月中國國家體育總局體育彩票管理中心也開始在十二個省市試
發行中國足球彩票。至 2002 年上半年最後三期，足球彩票發行已擴展到全國
三十一個省市自治區，成爲了全國廣大球迷和彩民的一項閒暇娛樂活動。

5.12 澳門桌球競技業

　　桌球，在澳門已有上百年的歷史。桌球如同賽狗、跑馬一樣，起源於歐
洲，是貴族階層獨享的消閒遊戲。經過殖民地的拓展，漸漸地伸延到了世界
各地。演變成了當今具有博彩性質的球類活動。

　　澳門桌球剛流行時，亦多爲紳士們所喜愛。七十年代，隨著香港及歐洲
先進的桌球設備、格調之影響，澳門球商們迎合時尚，紛紛從美國、英國、
日本等國家和地區購進「洋貨」，吸引和招徠球迷，並以此對抗同行的競爭。
如今在澳門經營的美國式桌球臺，除了比英國式典雅，比日本式豪華之外，
所設計的全自動電腦控制的投幣箱，更令玩客興味倍增。

　　澳門桌球的收費一般爲每小時二十四澳元至三十澳元不等。最便宜的也
得十八澳元。如果在桌球室泡上一天，開銷二三百元是最平常的花費。澳門
桌球史，其興旺與衰落，隨著社會經濟之變化而呈現起伏狀態。儘管桌球業
常有高峰低谷的出現，人們對娛樂的多元化的需求，仍促使其發展迅猛。早
期，桌球剛引進澳門時，桌球室僅二、三家，桌球臺僅四、五張。如今桌球
室卻擁有大小球室廿多間，桌球臺超過二百五十張。經常流連沉迷於室內的
玩家就達二千之眾。爲了擴大生意、招徠顧客，大部份的桌球室規定在非繁
忙時期設折扣優待服務，有的還時常舉辦桌球賽，或聘請資深桌球行家開辦
桌球訓練班。同時，他們還耗資在報刊、電視上介紹大型桌球活動，以及國
際級球星的桌球賽事報導，推動澳門的桌球活動高潮。

　　在澳門，只要能打上一手漂亮的「史祿架」，一日三餐不愁，桌球室收盤
時，還能撈上一把現金走。至於那些暫時還不會玩桌球的賭客，也能參賭。
當參賽者斟好盤口，與進行桌球賽事時，就會有專人負責計數交收彩金。這
時，觀賽者就可以解囊掏包，進行場外投注，輸贏的大小，投注的多少，全
憑場外投注者感覺參賽者的競技實力而定。

5.13 澳門格蘭披治大賽車

澳門格蘭披治大賽車自 1954 年創辦，每年 11 月舉行，迄今已有 47 年的歷史。賽事分電單車、三級方程序和超級跑車三種。

澳門格蘭披治大賽車是國際上公認的三大賽事之一。這個賽事不僅吸引了世界各地的賽車高手來一爭高低，也吸引了很多名人來熱情參與。這不僅帶動了澳門旅遊業的發展，也增加了澳門在國際上的知名度。

澳門格蘭披治大賽車的東望洋賽車跑道是街道式跑道，與歐洲賭城蒙特卡洛的市區跑道一樣，世界聞名，是世界公認的充滿刺激，最適合賽車之用的跑道。這使澳門成為世界上能舉行這種國際性公路賽車數不多的城市之一。東望洋賽車跑道所繞經的街道，包括友誼馬路、嘉思欄馬路、海邊馬路、摩羅園、漁翁街，全長約六公里。如果步行，大約要一個小時左右，而高速賽車轉一圈只需三分鐘。這條跑道，每屆賽事前都由有關方面進行韋修，平整路面、增建看臺、擴展路段、加設防撞鐵製欄杆。東望洋跑道雖然不算太長，但地勢起伏曲折，有斜坡、彎角、直路，所謂「麻雀雖小，五臟俱全」。特別是有很多的彎角，危險性大。有一個非常著名的「死亡彎角」，一百八十度轉向，稍有不慎，賽車就會出事。不過這樣的跑道，正好考驗賽車手的技術、經驗和膽量，極具挑戰性和刺激性。行駛中的切入和轉彎處處、時時都是考驗飛車英雄的意志和技術，以及參賽汽車性能的難關。故賽事及練習中頻頻出現翻車或碰撞事故。比賽時緊張、刺激的精彩場面，極富吸引力，不僅滿足了參賽車手的玩車興趣，甚至引來了遠在香港的遊客參與及觀賞賽事。

驚心動魄的大塞車，不僅是一種「死亡遊戲」，也是一種「金錢遊戲」。據不完全統計，世界每年死於塞車的多達五百人以上。在車道上精心設計的急轉彎道，稍有不慎或角度不對，塞車就即刻碰在了死角上，輕者影響速度，重者翻車喪生。而那風馳電掣般的塞車速度，時速高達三百公里，塞車本身的性能和車手的技術都受到嚴峻的考驗。無怪乎被稱為「死亡遊戲」。格蘭披治大賽不僅是車手需要時刻以生命作參賽的籌碼，其參賽本身，也是以高額金錢作物質基礎的。要在澳門的東望洋車道上跑一個十圈的超級汽車大賽，必須先要有人付出五十萬元的讚助費用。這費用其中三十元盡歸賽會，餘下的二十萬元歸提供機械師、維修人員的汽車公司所有。至於落選的車手，則需自助資金支付在澳門參賽的全部費用。

1998 年 11 月 19 日至 22 日，澳門舉行了第四十五屆格蘭披治大賽車。有一百多個國家和地區同時轉播。

（二）澳門金融業

5.13 澳門葡國大西洋銀行

1902 年 8 月 2 日，葡國大西洋匯理銀行（B.N.U.）在澳門正式開業，該行除經營一般商業銀行業務外，從 1905 年起，還擁有發行和管理澳門貨幣的特權。這一年，澳門大西洋銀行第一次發行澳門鈔票，發行額達 17.5 萬澳元。〔註25〕第二年增加到 250 萬元，此後又逐年增多。〔註26〕不過，由於貨幣的等多種原因，此時澳門的主要交換媒介仍是港幣，主要的輔幣仍是廣東的毫銀，澳幣尚未取得較重要的地位。七十年來，大西洋銀行一直是澳門唯一的銀行。

圖片來源：劉先覺、陳澤成主編：《澳門建築文化遺產》

與大西洋銀行同時存在的商業金融機構，是各種形式的錢莊、銀號等。錢莊是澳門商業銀行的形式，經營存款與貸款業務。它的出現因澳門與內地的商業往來，需要有錢莊從中協助，於是內地的錢莊便來澳門開業。後來由

〔註25〕黃鴻釗：《澳門史》附錄一，「大事年表」，第 608 頁。
〔註26〕黃漢強主編：《澳門經濟年鑑》，《華僑報》，1983 年版，第 16 頁。

於工商業活動擴大，錢莊被銀號取代。最初的銀號，不僅經營範圍較大的存款業務，起著將社會遊資集中起來投入工商業支持地方經濟發展的作用，還經營外幣兌換。抗日戰爭前，澳門大小銀號約有十多家。〔註27〕抗戰爆發後，廣州、香港先後淪陷，兩地銀號紛紛遷來澳門，加上戰時澳門人口和資金激增，金融市場活躍，金融業因此盛極一時。除了銀號外，銀牌、錢、及找換店亦應運而生。估計全澳有三百家，其中銀號及錢莊大約一百多家。抗戰勝利後，原來避戰遷澳的銀號紛紛返回原籍，黃金與貨幣亦作同方向的流動，熱鬧一時的澳門金融業歸於平靜，金融貿易場亦逐漸枯萎。

隨著澳門對外經濟的發展，以及我國實行對外開放政策，建立經濟特區，澳門金融業的國際資本近年有增加的趨勢。特別是在新銀法實施後，申請到澳門開設分行的外資銀行不斷增多。先後有英資渣打銀行、法資東方匯理銀行、阿拉伯資國際商業信貸銀行，以及葡資多達亞速爾、百利和萬裕等銀行。此外，法國國家巴黎銀行澳門辦事處於 1983 年 3 月升格為分行；澳門第一家由我南通、大西洋銀行、法國國家巴黎銀行合資組成的澳門經濟發展財務有限公司也於同年七月開業。澳門金融業逐步形成一個多元化的體系，在澳門整個經濟總的地位日漸提高。

在澳門金融業中，以中資銀行的地位最為重要。就資產總額、存款、放款等主要業務比較，在全澳代表是個國家和地區資本的金融體系中，中資銀行占絕對優勢，其次為美資，再次為英資，葡資的影響不大。1984 年，全澳七家葡資銀行盈虧相抵僅利 430 萬元，還不及規模嬌小的永亨或廣東銀行。〔註28〕

5.14　以賭稅為主之澳門財政

葡澳與港英比較，增收稅目對象較廣，如汽車及電視機等電器產品入口要徵消費稅，但稅率卻比香港低，比遠東很多國家和地區更低。如，純利稅，澳葡最高徵 15%，港英 16.5%，臺灣省 22%，泰國 29%，新加坡 40%，日本 52%，南朝鮮 54%。這是澳門吸引外來投資的一個有利因素。澳葡為保持低稅率，既未採取政府投資的開源辦法，也未採取壓縮行政經費的節流辦法，而是推動賭博行業的發展，從中收取高額賭博專利稅。賭博彩池稅，以及其他附加稅，以維持財政的高收入。據有關統計 1976～1983 年，澳葡所徵賭稅每

〔註27〕王文祥：《港澳手冊》，展望出版社，1991 年版，第 494 頁。
〔註28〕王文祥：《港澳手冊》，展望出版社，1991 年版，第 495、496 頁。

年占總稅收平均 28%，1984 年所佔比例增為 44%，1985 年增為 50%。〔註29〕充分反映了澳門的財政對賭博的依賴性。

1937 年，傅德蔭和高可寧等人共同組辦澳門泰興娛樂總公司，並與澳葡政府財政廳簽訂專營合約，正式開設三家賭場，分別設在新馬路的中央酒店、福隆新街及十月初五街。其中以中央酒店賭場為盛。該酒店二至七樓均為賭場，計有「快活樓」、「高慶坊」等二十多間。所有賭場均由泰興娛樂總公司承辦，每年向澳葡政府繳交賭稅 180 萬元澳門幣。當時全澳門的賭場職工達 700～800 人，其中中央酒店就佔了三分之一。〔註30〕

5.15 與賭共生的澳門典當按押業

澳門集中在賭場附近約有一百多家當鋪，遍佈澳門半島。七十年代以後，澳門賭業異常興旺，按押業亦不失時機地伴隨而生。葡京娛樂場是澳門最大的賭場，附近的幾條街上，有著不少的按押店。這些當鋪一直保持著古老的傳統風格。小小的門面，到了夜晚，這些押店門口燈火輝煌，一個個直徑一米多的「押」字圓招牌格外引人注目。招牌上鏤刻著蝙蝠抓金錢的圖案。據說蝙蝠之「蝠」字與「福」諧音，是一種吉祥物。在澳門娛樂場的葡京街上，差不多每隔兩家店，就有這樣一家按押店。

劉先覺、陳澤成主編：《澳門建築文化遺產》

〔註29〕澳葡：《憲報》，轉引自王文祥：《港澳手冊》，展望出版社，1991 年版，第 491 頁。

〔註30〕黃啓臣：《澳門通史》，廣東教育出版社，1999 年版，第 373 頁。

　　澳門當鋪俗稱「按押店」，其布局詭異、神秘。由門外看去，半截的兩扇門，巨大的屏風，與高高在上的櫃檯。行家稱，兩扇手推的短門，既可方便出入，又不顯露其內乾坤。大屏風則可使典當者無後顧之憂。至於舉手才可攀及的櫃檯，則是防止不法者窺視櫃檯內擺放財務的位置，這種居高臨下的格局，亦能打消押客持物自珍的信心，更利於押商定價。當今之典當鋪更是一座「銅牆鐵壁」：防盜器、電子視屏、保險設置、加之鐵護欄與鐵門，可謂全副武裝，嚴正以待。典當者需雙手將典物高高地舉過頭，才能遞達窗口。故而人們將典當者戲謔爲「獅子頂球」。

　　澳門當鋪生意的對象主要來自世界各地的遊客與賭客。典當之物有高達兩萬元一隻的鑽石戒、金銀首飾、珠寶古玩、藝術品；亦有次等的鐘錶、傢俱、電器、五金器材；以及抵擋的四季衣物、家用餐具、乃至室內衛生設備等物。店主不論人之高下，物之貴賤，僅以盈利爲宗旨。

　　押店裏也有專賣過期不贖的金銀飾品的櫃檯。據說二十世紀三十年代，圍繞著各個賭場，澳門有三十家在押店，爲當時的押業大王高可寧所壟斷。高可寧在香港亦有二十多家押店，都設在不禁賭之列的跑馬場和麻將館外面。如果說澳門歷代賭王創造的輝煌的博彩業促使高可寧的按押業興旺發達，那麼也可以說高可寧的按押業在一定程度上帶動了澳門的珠寶和鐘錶等貴重飾品交易的發展。

　　澳門典當鋪之典當物名目繁多，良莠不齊、眞假莫辨。要做出準確的鑒定需要熟悉市面行情的行家來決定典值，明眞判價。這種鑒別貨色的師傅叫「朝奉先生」，俗稱「二叔公」、「櫃面」。擔任這一要職者至少需要十多年的典當經驗。「朝奉先生」一般由店主或股東擔任，也有老店員擔當此職。若是一件昂貴的按押品，尚經兩三個朝奉先生過目，店主再依此典當「俊傑」。有經驗的朝奉先生能使按押店的格局伸延，興旺發達。反之，缺乏此等人才，則不敢收當名貴寶器。朝奉先生寫在當票上的白紙黑字，即可當典值確定。

　　在澳門，因受當假名貴鑽戒而遭至按押店破產的新聞，亦不時見諸報端。有些歹徒將肉眼難辨的人造鑽石、幾乎亂眞的人造翡翠、玉石、假金戒、做古的贋品巧僞之後，送去按押店，稍不謹愼，即上當受騙。

　　有著東方蒙地卡羅稱號的澳門，每年都吸引著無數香港、內地及外國遊客來澳賭博。

在澳門，凡賭場之側鄰，皆有「配套服務」的按押店。事實上，澳門按押店的主要服務對象就是賭客。此中，香港賭客所佔比例最多。特別是公假、年末、歲首，以及澳門舉辦一些國際盛事之日，即按押店生意興隆之時。那些輸光隨身現款和票證的賭客們，將其隨身所帶的貴重典當物：金銀首飾、名牌金筆、手錶、打火機等典當。換成現錢或者作爲扳本的賭資，或者作爲回家的路費。押期一般爲三個月，通常有過半押品被押客贖回。一旦逾期無人贖回的押品，即有金銀珠寶行以及舊衣店的人來收購。這些典物典值高，且贖期短，按押店獲利較容易。爲了與賭場的時間協調，按押店亦往往採取通宵營業的方式，方便急需的賭客典當物品，他們甚至對於香港的賭客們推出「澳門典當，香港贖取」的服務，可以在香港、九龍的掛鉤店鋪憑收據和身份證辦理贖取。澳門靠「賭」吃「賭」之按押業，無不因時局的制約而興盛與衰落。

19 世紀澳門賭場
圖片來源：吳志良等：《澳門編年史》

（三）澳門娼妓業

5.16 澳門「默許妓院」[註31]

林謙《退思齋雜錄》稱：「夷船復來泊伶仃洋，春至秋冬去，以大府准其避

〔註31〕「默許妓院」，1930 年 7 月 11 日，第 486 號卷宗，TP-12871 Cx235。

風告，自後遂以爲常，洋船四五十隻，華船蟻附通市，珍奇畢具，娼行賭艇，比於珠江。」〔註32〕澳傑弗里‧C‧岡恩在其所著的《澳門史》中亦談到，正如吸毒和賭博一樣，娼妓也是一項跟地下經濟交織在一起的活動，被澳門色三合會所控制。正如在中國由來已久的「琵琶仔」傳統一樣，一個由歌女、舞女和妓女所組成的階層也在澳門重現，尤其是當華人社群規模壯大、繁榮興旺的時候。然而自1850年之後，政府試圖管制「煙花世界」的努力，有效地導致了這一行業被限制在平民區。一個妓女階層從仁慈堂所照料的孤兒當中浮現了出來。在社會階層的梯級上，「妹仔」（妓女）所佔據的位置甚至更低，這符合傳統中國社會中關於婦女價值的那些依然盛行的觀點。這種家庭契約老公的形式，逐漸演變稱了徹頭徹尾的奴役和賣淫。最後自由主義在葡萄牙的興起，要求淨化妹仔的身份，但直到1937年，當局才下決心終結澳門的妹仔陋習。〔註33〕

澳門福隆新街的妓僚
圖片來源：黃啓臣《澳門通史》

　　道光十六年12月31日，澳門政府頒佈行政法，首次認爲娼妓業是可以被容忍的，娼妓活動不被視作犯罪。根據這一政策，澳門的賣淫場所開始被稱爲「默許妓院」。〔註34〕

〔註32〕引自吳志良等：《澳門編年史》，第3卷，第1395頁。
〔註33〕參見伊莎貝爾‧努內斯：《舞女與歌女：澳門賣淫面面觀》，載《文化雜誌》，1991年，第15號，第95～117頁。轉引自澳‧傑弗里‧C‧岡恩著，泰傳安譯：《澳門史》，中央編譯出版社，2009年版，第133頁。
〔註34〕引自吳志良等：《澳門編年史》第3卷，第1518頁。

1905 年，葡殖民地當局試圖通過制定法規來管制賣淫的某些方面。除了其他的規定之外，這些法規還規定了「默許妓院」的具體位置。〔註35〕1887年，澳葡政府曾於《澳門憲報》頒佈了《新訂澳門娼僚章程》，分四章四十一款，從註冊登記、娼僚地點、稅收、罰款等都作一一規定。把娼僚納入政府管理範疇。

如：關於娼僚營業註冊：「規定所有經營娼僚，包括正式娼僚和蘯鋪（私娼）者，都要登記領牌。華人開娼僚者到華政務聽署登記，西人開娼僚則到西政務聽署登記。登記冊內要準確填寫僚主和妓女的姓名、住址、年齡等，以便政務聽派員核查。登記冊每五年更換一次。」〔註36〕

關於納稅規定：「凡僚娼必須按月定期向澳葡政府上繳巡捕鈔銀，由公鈔局派員到各娼僚徵收。鈔銀按娼僚所留妓女數量分等計算：第一等為妓女六名以上者；第二等為四至六名者；第三名為一至三名者。一般娼僚所留妓女不得超過九名以上，違者罰款。」〔註37〕

關於罰款的具體規定是：「凡開娼僚不註冊掛號者，罰銀三十元；妓女離開娼僚不向政務聽註銷者罰銀三十元；妓女生花柳病不報者，僚主罰銀二十元，妓女罰銀十五元；僚主違反其他有關條款規定者，視其情節發銀5～30元。」

關於娼妓接客規定：「5～18 歲的女性不得留於僚內接客。」

關於妓女衛生規定：「凡妓女生花柳病或疑患者，均要到醫院進行醫治，中國妓女到鏡湖醫院，非中國妓女到仁慈堂醫院。住院醫療費用，凡領有娼僚執照者免費，凡被政務聽查出患病並送院治療著，除罰款外，需自繳住院費，每天五毫，按住院逐日計算。」

關於開設娼僚地點規定只限於在二十三處街道，即：「福隆新街、蓬萊新街、河邊新街、木橋街、柴船尾街、海邊新街、福隆新巷、清平新街、福寧里、蓬萊新巷、深巷橫街、夜母前街、黑佬巷、下環正街、爛鬼樓新街、下環小市、水手邪街、聚龍通津、船澳口、佐堂尾爛、果爛橫街、福壽里、祥樂里等。」〔註38〕

〔註35〕澳・傑弗里・C・岡恩著，泰傳安譯：《澳門史》，中央編譯出版社，2009 年版，第 133、134 頁。
〔註36〕黃啓臣《澳門通史》，廣東教育出版社，1999 年版，第 375 頁。
〔註37〕《澳門政府憲報》，1898 年 8 月 11 日，第 32 號附報。
〔註38〕《澳門政府憲報》1898 年 8 月 11 日，第 32 號附報。轉引自吳志良等：《澳門編年史》卷四，第 2072 頁。

同時規定船艇娼妓：「凡在船艇有娼妓者作娼僚論，一律按陸地娼僚有關規定辦理。」﹝註39﹞可見，近代澳門娼僚業已經成爲了一種公開的特種行業。

5.17 澳門妓僚活動區域

1905 年，殖民地當局試圖通過制定法規來管制賣淫的某些方面。除了其他的規定之外，這些法規還規定了「默許妓院」的具體位置。默許位置的清單包括一下二十五處：福隆新街、白眼塘橫街、下環正街、山水園圍、水手西街、通商新街、河邊新街、渡船街、柴船尾街、木橋街、永福巷、新市巷、福寧巷、鴨湧巷、清平巷、道德巷、小販巷、爛鬼樓街、檔槓巷、水手邪巷、玫瑰里、西瓜里、蓬萊新巷、福隆圍、家神圍。1911 年，當局又頒佈了一部城市法令，試圖管制婦女在酒店裏出現。﹝註40﹞

道光二十五年，澳門娼妓活動猖獗，她們足跡遍及城市各個角落，爲此，澳門政府於 7 月 22 日，頒布告示對娼妓活動加以限制：「謹此通告本城所有物業主，現有大批歐式或中式裝扮的妓女，不加選擇地混居在本城各處本分人家中間，打擾了街鄰四舍的安寧，破壞了豪門貴族的正派名聲和社會公共道德。故本議事公局爲消除這種應受指責之奇怪之舉，規定除燒灰爐和瘋堂兩地外，所有向這些妓女出租其他地方房屋的物業主，必須在自即日起的 20 天之內，令她們全部撤離。違者以及今後再有向妓女出租兩地以外房屋者，將被課以罰款。」﹝註41﹞

民國二十二年，澳門頒佈 1093 號訓令，通過新的《澳門娼妓章程》。過去一直將華人妓女與其他妓女區別對待，爲消除這一區別，要求所有妓女皆被置於同項法律約束下，規定澳門所有有妓女留宿或有從事賣淫的女子經常出外的妓院，均需辦理註冊手續，並將妓院分爲三等，以便於征稅。另外規定「避免未成年人賣淫及因賣淫而引起的疾病傳播。」﹝註42﹞

據有關資料，澳門妓僚按其分佈與活動區域及人數分爲不同等級。第一等，名曰「大寨」，集中於福隆新街、怡安街一帶，約有六十寨，每寨妓女少

﹝註39﹞ 參見：《澳門憲報》1897 年，第 32 期。轉引自：《澳門通史》，376、377 頁。及《澳門史綱要》第 213 頁。

﹝註40﹞ 參見伊莎貝爾・努內斯《舞女與歌女：澳門賣淫面面觀》載《文化雜誌》1991 年，第 15 號第 12～15 頁。

﹝註41﹞ 引自吳志良等：《澳門編年史》，第四卷，廣東人民出版社，2009 年版，第 1608 頁。

﹝註42﹞ 吳志良等：《澳門編年史》，第五卷，廣東人民出版社，2009 年版，第 2516 頁。

者 6～7 人，多者二十多人，共約一千人。妓女常於入夜以後濃妝豔飾，分赴各大酒樓接客或陪酒，或唱歌跳舞，每至深宵。第二等曰「二寨」，集中於通商新街一帶，約有三十多寨，每寨妓女少者 5～6 人，多者 10 多人，共約 200 多人。此等妓女每到黃昏，塗脂抹粉，倚門賣俏，以招嫖客。第三等，名曰「三寨」，集中於草堆街附近的騎樓街、聚隆里一帶，共約三十寨，每寨有妓女數人，共約 100 多人。此等妓女不分日夜，輪流接客。來此等妓寨嫖娼者，多爲黑人士兵、苦力之流。此處街巷狹窄彎曲，污穢不堪。上述三等妓女已近 1300 多人，加上船艇娼寨妓女，當大大超過此數。第二次鴉片戰爭以後，澳葡當局迫於輿論壓力，宣佈取締鴉片販賣和娼妓行業。但吸毒與色情並未眞正禁絕。目前澳門高級夜總會有豔舞表演，各種舞廳、按摩院和蒸汽浴室也幾乎半公開地存在著色情勾當。這個珠江口岸的城市「嫖、賭、飲、吹」諸業齊全，足以使地中海海岸的摩納哥賭城相形見拙。

第六章 澳門海洋文學史

一、開埠期之海洋詩歌代表作

6.1 湯顯祖題詠澳門風物詩

萬曆十九年（1591）12月，戲劇家湯顯祖（1550
～1616），因貶官去雷州徐聞途徑澳門。在赴徐聞途
中，他來到香山澳，見到了許多「碧眼愁鬍」的外
國商人和漂亮的葡萄牙姑娘，還參觀了「番鬼」們
建造的「多寶寺」（即天主之母教堂）。後來在創作
《牡丹亭》時，將其在澳門所見所聞記入劇情之中。
遊歷澳門期間，他還在詩集中留下吟詠澳門風物的
七絕四首。為中國文人最早在澳門創作的文學作
品。其一為《聽香山譯者》：「占城十日過交欄，十
二帆飛看溜還。握粟定留三佛國，採香長傍九州島
山。花面蠻姬十五強，薔薇露水拂朝妝。盡頭西海
新生月，口出東林倒掛香。」〔註1〕

「握粟」之典，出於《詩經·小雅·小宛》。意為以一把小米給卜人，作
為占卜的酬勞。這艘西洋海舶大約和中國海舶一樣，以在神前祈禱、占卜的
方式來決定船隻的去留和航路。按照占卜的結果，先在南海古國三佛齋（今
印尼蘇門答臘）的港口寄碇停留，然後駛往馬來半島霹靂河口外的九州島山，
採購龍涎香及其它香料。湯顯祖從當時活躍在澳門的中國通事（香山譯者）

〔註1〕徐朔方箋校：《湯顯祖詩文集》，上冊，《玉茗堂詩集》，卷六，第428頁。

的口中，得知西洋海舶亦以占卜的方式來決定航海活動，可以說是中國人對西方航海者的航海保護神崇拜認識的開始。

「交欄山」為古代航行於東南亞南海一帶的中國人一個非常熟悉的地方。隨鄭和出使西洋的費信，在《星槎勝覽》前集《交欄山》條稱：「自占城靈山起程，順風十晝夜可至。」然而，詩中這艘沿著當年鄭和船隊的航路航行的，卻是一艘一桅數帆，桅多帆眾的西洋泊船。其與一桅通常只有一帆的中國海舶大異形制。但番舶上和中國海舶一樣設有神樓，供奉天主耶穌、聖母及其它具有航海保護神職能的神祇，與中國海舶供奉媽祖等神祇的神樓一樣，是全體船員的精神支柱。

湯顯祖來到澳門的那年，約四十一歲。「花面蠻姬」句，是中國人最早寫下的吟詠葡國少女的詩篇。嬌媚如花的葡國少女，衣裳上噴灑著薔薇露水，少女美麗的面容宛如西海邊上剛升起來的月亮，口中有香氣噴出，使人聯想起爪哇國的倒掛鳥。「薔薇露水」，即花露水。澳門女郎以花露水化妝，清人吳鏻曾有詩載：「遍將薇露灑香塵，一抹肌衣一抹春。自是寒閨無怨女，天魔爭看散花人。」「盡頭西海」，意謂葡萄牙人的故土在西海的盡頭。而「倒掛」，是一種爪哇國的鳥，其夜間倒掛，張尾翅而放香。在中國女性依然被深鎖閨中的年代，很難體味這些曼妙的異國少女給湯顯祖帶來的震撼。

他在香山欣賞那裝束新潮的「薔薇露水拂朝妝」的葡國少女，他在已被葡萄牙人占住的澳門，與一位「不住田園不樹桑，娥坷衣錦下雲措」的外國商人相遇。他還在端州見到意大利傳教士利瑪竇和特‧彼得利斯神父，聽過他們「破佛立義」的講道。湯顯祖的這些詩是十六世紀澳門市井生活的形象記載，它在中西文化交流史上留下了值得珍視的一頁。

其二為《香山驗香所採香口號》，詩中描述了「海上香絲之路」時期，中國香料貿易之景況：「不絕如絲戲海龍，大魚春漲吐芙蓉。千金一片渾閒事，願得為雲護九重。」

明朝宮廷對龍涎香以及沉香、降香、海漆諸香等海外香料需求量甚大，「千金一片」說明香料之貴重。「香山驗香所」亦即朝廷設在澳門負責檢驗香料質地之專門機構。當時澳門的風物、人情及華夷貿易之事，已漸為中國的士大夫所留意。

徐朔方解「吐芙蓉」，為阿芙蓉，即鴉片。從而推論當時葡萄牙人已販賣鴉片。此處之「芙蓉」二字，亦可見明人葉鋑《明紀遺篇》之記載：「龍涎之

爲用也，入香合和，能收斂腦麝清氣，雖數十年香味仍在。得其眞者，和香焚之，則香之翠煙嫋空不散。涎末有三品：『曰泛水、曰滲沙、曰魚食。』魚食亦有兩種，海旁有花似木芙蓉，春夏間盛開，花落海，大魚吞之，若腹腸中先食龍涎，花咽入，久即脹悶，昂頭向石上吐沫，乾枯可用。」此處之「芙蓉」，並非「阿芙蓉」，而是指「龍涎香」。〔註2〕

嘉靖時，世宗喜用龍涎香。葉鈐查其香出自蘇門答臘國西，「有龍涎嶼峙巫裏大洋之中。群龍交戲其上遺涎也。國人駕獨木舟伺採之。舟如龍形浮海面，人伏其中，隨風潮上下，旁亦槳，龍遇之不吞。每一勡值其國小銀錢一百九十二枚，準中國銅錢九千文。」〔註3〕

其三爲《香嶴逢賈胡》：「不住田園不樹桑，琅珂衣錦下雲檣。明珠海上傳星氣，白玉河邊看月光。」

此處「香嶴」，並非「香山嶴」之縮略，應爲香料之嶴意。澳門開埠後，大宗香料運抵澳門，龍涎香、龍腦香、龍舌香、迦南香、檀香、降香、速香、乳香等，形形色色，無一不有，澳門成爲海外諸國對中國販賣香料的集散地。明朝宮廷及上流社會達官貴人也紛紛派人來澳門求購名貴香料，澳門成爲名副其實的「香之城」，故湯顯祖稱其爲「香嶴」。〔註4〕

詩中描述外國商人衣著華麗地下了帆船，他們來自「明珠海」、「白玉河」，他們不耕種田地，不事農桑，專從事著珠寶玉石的貿易。

這三首詩眞實地反映了葡萄牙人寓居澳門以後，以澳門爲中轉站的海上貿易的繁榮，葡商的富裕，以及萬曆皇帝爲求龍涎香在香山設立「驗香所」收購葡人龍涎香的情況，詩人對澳門土生葡人少女美麗的讚揚，對葡萄牙富商奢華氣度的讚賞，爲中葡文學交往留下了不可多得的傳世佳句。

此外湯顯祖還在《牡丹亭還魂記》的第六齣《帳眺》和第二十一齣《謁遇》中，描述柳夢梅到澳門求見欽差苗舜賓，在香山澳的多寶寺見到海商、番回與通事等情景。如《牡丹亭》第二十一齣《謁遇》：

　　【光光乍】（老旦扮僧上）一領破袈裟，香山嶴里巴。多生多寶多菩薩，多多照證光光乍。小僧廣州府香山嶴多玉寺一位住持。這寺原是番鬼們建造，以便迎接收寶官員。茲有欽差苗爺任滿，祭寶於多寶菩薩位前，不免迎接。

〔註2〕吳志良、湯開建、金國平主編：《澳門編年史》，第一卷，第241頁。
〔註3〕葉鈐：《明紀遺編》，卷2，《諸蕃朝貢大略》。
〔註4〕吳志良等主編：《澳門編年史》，第一卷，廣東人民出版社，2009年版，第241頁。

「嚕里巴」之「巴」，即澳門「三巴寺」；明代稱外國人爲「番鬼」，猶如清代稱外國人爲洋鬼子，這裡指洋商。這段文字是其遊歷澳門之真實見聞，創作時距其遊歷澳門已逾七年之久，同時這也是關於澳門最早的文學記錄，是記載澳門中西交往的最早文獻之一。

湯顯祖生當明朝腐朽沒落時期，親眼目睹了嘉靖皇帝服丹求仙、大興土木，萬曆皇帝直接派遣親信宦官征稅、無情搜刮等種種荒淫無度的糜爛生活。通過描寫宮廷不惜挖空國庫去採購海外珠寶，曲折地揭露了封建帝王窮奢極欲、貪得無厭的行徑，從而賦予這部愛情劇以極深刻的政治內涵。

葡萄牙人東來與一條貫穿東西的香料貿易線緊密相連。過去葡萄牙來東方採購的香料全部運回歐洲，自從佔領麻六甲以後，香料可以就近運到中國出售，並換取瓷器、絲綢等中國產品。中國從漢代開始就有一種叫做蘇合的香料進口，唐宋依賴東西貿易的海上通道被稱爲「海上香絲之路」。因爲香料在中國有其市場，葡萄牙人便以香料開路，和中國人接觸了。〔註5〕

其詩《南海匯》，亦反映出萬曆時期澳門與海外的貿易關係：「病除揚粵夜，伏檻繞雲煙，閣道晴穿履，溪橋夜出船，時時番鬼笑，色色海人眠，舶上兼靈藥，吾生倘自存」。湯顯祖當時身患瘧疾，是以想到向澳門賈胡求靈藥。

6.2 卡蒙斯之《葡國魂》

路易·德卡蒙斯，又譯作賈梅士（1524～1580），葡萄牙最偉大的詩人。他的詩被與荷馬、維吉爾、但丁和威廉·莎士比亞的作品相比。他寫了眾多詩和劇作，但是他最著名的作品是史詩《盧濟塔尼亞人之歌》（又名《葡國魂》）。這部八千八百多行的史詩，奠定了他「葡萄牙文學之父」的崇高地位。主要著作還有劇本《國王塞僚古》、《宴會主人》、《菲盧德姆》及大批十四行詩、諷刺詩等。

在里斯本，賈梅士以一個貴族後裔和詩人的身份在高級社交圈子裏活動，因與宮女相戀而被驅逐出宮廷和里斯本。並作爲普通士兵入伍，前往摩洛哥服役。在作戰中右眼受傷失明。賈梅士後來又在印度等地服役。1556 年到澳門，賈梅士選擇了一個狹小的石洞，即現在澳門極爲有名的「賈梅士洞」，每天與他的僕人一起帶著稿紙來，到狹小的石洞中撰寫他的不朽詩篇《葡國魂》。後來又因債務官司，1558 年被押往印度葡萄牙屬地果阿。最後在 1580

〔註 5〕鄭彭年：《重放的蓮花——澳門開埠 450 年》，新華出版社，1999 年版，第 23 頁。

年病逝於里斯本。葬在里斯本的一所大教堂內。在賈梅士石洞門前，嵌有一副中、葡兩國文字的對聯，中文是「才德超人，因妒被難；奇詩大興，立碑傳世。」

　　賈梅士生活在葡萄牙歷史最鼎盛時期，其時海外擴張不斷征服殖民地，使得葡國日益富強。其不朽名著《葡國魂》爲後輩完整保存了這段顯赫一時的光榮歷史，使得他成爲葡萄牙的象徵和葡萄牙心目中的靈魂，他被譽爲葡萄牙國父。

　　《葡國魂》是部氣勢磅礡包羅萬象的史詩。它既有對瓦斯科‧達‧伽馬東航印度的現實場景的描寫，又有對葡萄牙歷史人物和事件的追述，還有對葡萄牙未來的預言；既有對世間凡人的刻畫，又塑造了奧林匹斯山諸神的不同形象；既有對古代地理概念的講解，也有對當時新興科學知識的介紹。史詩中有精彩可信的敘述，有動人心弦的抒情，也有令人讚歎的獨白和演講。尤其是對自然風光和景物的出色描繪，更使它具有獨特的風采和魅力。《盧濟塔尼亞人之歌》韻律多變，神思飛揚，語言豐富，文字優美，奠定了葡萄牙語的規範，詩人因此而被譽爲語言大師。恩格斯在讀完這部史詩之後，曾發出「葡萄牙語簡直像綠草和鮮花的海洋中的波濤一樣優美」的讚歎。從內容上來說它是一部人文主義的史詩，它將神話與基督教聯繫到了一起，對戰爭和帝國表達出了矛盾的感情，它表現出了對家鄉的熱愛和對探險的嚮往。

　　賈梅士曾在北非、印度等地服役。由於在印度服兵役時撰寫了《競鬥笑談》和《印度懵話》二書，書中對葡印總督有所譏諷，故被放逐。嘉靖三十五年 1556 年 8 月，賈梅士乘弗蘭西斯科‧馬爾廷斯船隊的船，隨船隊沿著伽馬開闢的東方航線進入印度洋和南中國海，來到浪白澳，並進入澳門，一

度落腳在澳門南灣的白鴿巢山上。他在澳門居停兩年，任無名產業管理人。〔註6〕徐薩斯認為，賈梅士肯定參加了鎮壓澳門海盜的光榮行動。〔註7〕

　　傳說，賈梅士居澳期間，經常去澳門西北角的一個石洞休憩於吟哦，並在石頭上進行創作，其著名敘事長詩《葡國魂》，即在這一時期最後完成。道光十一年，英國東印度公司廣州商館大班德庇時在澳門寫下題爲《在賈梅士的石洞》的詩：「這一片小叢林清幽寂靜，令人陶醉，直射的陽光照映著，透過樹葉的濃陰。曾有一位葡萄牙詩人迸發出靈感，天賦才華寫出了優美的古典詩篇。昔日的半身大理石像點綴著岩縫石隙，命運多舛的詩人，如此各受熱愛和磨難。據說賈梅士從這個石洞的柔和光線中，尋得安寧來寫下他不朽的史詩……」〔註8〕

　　1849 年，馬葵士把賈梅士的半身銅像放置在白鴿巢公園山上的石洞中，並將洞口構築爲葡萄牙風格的拱門。〔註9〕

　　民國二十三年六月，葡國童子軍努那·歐維士隊第 12 旅、中國童子軍粵華中學隊第 28、29、30、32、33、34 旅宣誓效法葡國詩人賈梅士，並立碑紀念，碑文云：

> 賈梅士先生，葡國大詩人也，於一五五六年間來澳隱居斯洞，創著志史，辭華豐贍，格調翻新，於改造葡文，闕功獨偉，世界學者推爲名著，而思想之高尚，愛國之熱情，時復流露於字裏行間。至其任俠爲懷，扶助幼弱，又歷可徵。諸行事至足欽敬。今者，本澳中葡童子軍成立，爰以人類有愛和同情，及尊崇學術之本旨，聯意是間，以表敬禮。並於洞前舉行童子軍宣誓。竊願法先生之風雅文采，與夫大無畏之精神，勉我童軍，克盡對於國家對人類之天職；因勒石以資景仰，並誌不忘。〔註10〕

　　這位歐洲文藝復興時期傑出的文學家不僅是葡萄牙人民的驕傲，是伊比利亞半島人文主義的先驅，而且對世界文學也殊多貢獻。《盧濟塔尼亞人之歌》的寫作與出版均比塞萬提斯的《堂吉訶德》要早四十餘年。塞萬提斯高度讚賞卡蒙斯，稱他爲「葡萄牙之珍寶」。

〔註 6〕徐薩斯：《歷史上的澳門》，第 20 頁。
〔註 7〕徐薩斯：《歷史上的澳門》，第 20 頁。
〔註 8〕龍思泰：《早期澳門史》，第 232、233 頁。
〔註 9〕劉托：《濠鏡風韻，澳門建築》，文化藝術出版社，第 141 頁。
〔註 10〕吳志良等：《澳門編年史》，第五卷，第 2518 頁。

1982 年澳門大西洋銀行發行的 50 圓澳門幣鈔票正面爲其肖像，澳門市民俗稱「單眼佬」。〔註11〕在澳門亦有以其命名的馬路（在路環）前地（廣場，在氹仔）及大廈。

宣統二年，11 月 4 日，按照澳督第 231 號訓令的規定，成立賈梅士博物館。

湯顯祖與卡蒙斯一個來自東方，一個來自西方，他們在四分之一世紀內相繼與澳門結下文學因緣，澳門文學史於是有了極富象徵意義的開端。

6.3　海洋詩史《澳門紀略》

印光任和張汝霖編著的《澳門紀略》，不僅是一部出色的邊鎮志、海防志，是世界上最早刊行的一部關於澳門歷史的著作，同時也是一部較完整的澳門海洋詩史。《澳門紀略》全書由上卷《形勢篇》、《官守篇》，和下卷《澳蕃篇》組成。《形勢篇》介紹澳門及其周圍的地理形勢和兵防情況，附有潮汐風候，並有海防總圖冠於卷首。《官守篇》介紹澳門的歷史變遷和中國在澳門設官置守，推行政令的情形。《澳蕃篇》介紹來往廣州口岸的海外諸蕃和寄居澳門西洋人的貿易、宗教、文化、風俗等。《澳門紀略》被譽爲「安邊緯略」之著。

乾隆中葉，《澳蕃篇》被載入《四庫全書存目》，列入史部地理類都會郡縣之屬。稱其：「於山海之險要，防禦之得失，言之最悉。蓋史舉大綱，志詳細目，載筆者備有體裁耳。」《澳門紀略》成書的年代在 1744～1751 年，並在不久首次刊行。但該書直到十九世紀末至二十世紀四十年代，才先後在澳門的葡文刊物《大西洋國》和《澳門教區簡報》上部分刊載。至今未見有完整版本。《澳門紀略》收入詩詞有九十餘首。除印光任和張汝霖的詩作外，還有釋今種、釋跡刪、羅天尺、陳恭尹、梁配蘭、王士禎、尤侗等人的詩詞。

其中釋今種之即事名篇詩作有十二首。其中《謝西洋郭丈惠珊瑚筆架》第二首有如下數句：「分來烽火柏，持作筆床先。……歸憑纖手潤，益使大紅鮮。」〔註12〕描述了中國和尚與西洋人往來，可資中西文化交流之史料。和尚竟有妻室，以纖纖素手爲詩僧潤洗筆架，更是奇聞。這位和尚即亦釋亦儒亦遺民的清代著名詩人屈大均。其法名今種，不久又由僧返儒。由於他對清朝統治者的反抗和不合作態度，詩文中每有悖逆之語，頗爲統治者所忌。其

〔註11〕賈梅士在里斯本，以一個貴族後裔和詩人的身份在高級社交圈子裏活動，因與宮女相戀而被驅逐出宮廷和里斯本。並作爲普通士兵入伍，前往摩洛哥服役。在作戰中右眼受傷失明。

〔註12〕《澳門紀略》，卷下，第 45 頁。

後清廷纂修《四庫全書》，屈大均的全部著作被列爲禁書。署名釋今種的詩竟能漏過清廷的文網而流傳至今，印光任和張汝霖功莫大焉。

印《序》在談到《澳門紀略》的寫作動機時說：「（澳門）孤懸海表，直接外洋，凡夷商海舶之來粵者，必經此而達，且有外夷寄處，戒何可弛。」張汝霖曰：「他族之逼處也，篙目憂之。」他們合著此書之目地是作爲中國治理澳門、瞭解外情的借鑒，在鞏固海防中發揮作用。袁枚在《印光任傳》中贊其乾隆十年阻止了英法兩國在珠江口的惡戰，使中國免「受其跆籍。賴公任海疆久，於諸夷種類支派，某弱某強，某狡某愚，其地之山川形勢，靡不部居別白於胸中。以故事先預謀，當機立斷。終公之任，海面肅然。」無論過譽否，其愛國之心與經世致用之意不難體會於其中。

在他們的詩中，對澳門領土的深厚情感與強烈責任感常常流露其中，如印光任《濠鏡夜月》：「月出濠開鏡，清光一海天。島深驚雪積，珠湧妊龍旋。傑閣都凌漢，低星欲蕩船。纖雲飛不到，誰是廣寒仙。」將濠鏡的月夜描寫得如仙如畫。澳門春曉的海日，同樣迷人。如《碉樓春曉》：「何處春偏好，碉樓曉最宜。窗晴海日上，樹暖島雲披。有戶皆金碧，無花之陸離。坡仙應未見，海市道神奇。」

張汝霖的五律長篇組詩《澳門寄樓即事》（第五首），表達了詩人守土之責的緊迫感：「居然百夫長，位極以權專。列炮遙堪指，爲垣近及肩。舞戈當負弩，釋甲學行纏。慎爾一隅守，蒙鳩繫可堅。」〔註13〕在這片列炮爲垣的海疆要地，守土之官專權責重，使詩人有習武韜略的緊迫感。

李珠光《澳門》詩中，同樣表達了寄託遙深的國土歸屬感：「無多蓮瓣地，錯雜漢蠻居。版籍南天蓋，江山五嶺餘。」澳門雖小如蓮瓣，偏處南天盡頭，卻屬天朝版籍，是中華國土。汪後來《澳門即事詩》：「金距雄雞鬥碧陰，華夷分隊立森森。輸贏亦是尋常事，老大難忘左袒心。」「左袒」，典出《史記・呂太后本紀》。漢高祖劉邦死後，呂后當權，培植呂姓的勢力。呂后死，太尉周勃謀奪取呂氏兵權，行令軍中說：「爲呂氏右袒（露出右臂），爲劉氏左袒。」軍中皆左袒。可見蕃漢之間壁壘森嚴，澳門百姓民族情感強烈。

澳門詩歌亦反映了中西文化交流背景下，兩種文化交融互動的內容。如西方人久住澳門而懂華語，中國人與葡人雜居而懂葡語的現象。釋跡刪詩有

〔註13〕引自章文欽：《澳門歷史文化》，第282～291頁。

「蕃童久住諳華語，嬰母初丁學鳩音。」更有趣者，澳門的五色鸚鵡居然「能兼蕃漢語」。而蕃商呂武勝「往來澳門、十三行、先後二十餘年，土語、華言及漢文字皆諳曉。」〔註14〕

　　尤侗《佛郎機竹枝詞》：「蜈蚣船檣海中馳，入寺還將紅杖持。何事佛前交印去，訂婚來乞比丘尼。」表現了西洋男女入天主教堂訂婚之習俗。澳門中西方通婚資婚俗亦在詩文中表現出來：澳門的中國人有著「娶鬼女而長子孫」與葡人「得一唐人爲婿皆相賀」之觀念。同樣中西物產之交流，亦有詩文記載，如李紱：《眼睛詩》：「西域傳奇製，昏瞀得暫清……煩君繼吾照，未敢負餘生。」《澳蕃篇》所載的西洋物產五花八門，包括草木、禽獸、蟲魚等，多達七十餘種。其中《食貨》一門，介紹西洋物產達一百餘種。包括花露、洋酒、珠寶、諸香、鴉片、呢絨、洋錢、洋樂、紙筆、自鳴鐘等。

二、中西文化交匯期之海洋詩詞

（一）明清澳門之詠西洋風物詩

6.4 詠西洋奇物

　　明清時期，隨著西學東漸，西洋傳華之奇物、風情等，亦成爲詩人們所熱切關注的題材。涉及此類題材者如：清順治康熙間徐緘《利瑪竇天地書屏風歌》、李綏祺《觀安南貢使歌》、龔鼎孳《西洋布》和《西洋燈》，陳確《題西洋鏡》和《眼鏡頌》，彭孫遹《西洋琥珀酒船歌》、陳子升《詠西洋顯微鏡》、毛奇齡《詔觀西洋國所進獅子因獲遍閱虎圈

魏源：《海國圖志》
田若虹攝於澳門海事博物館

諸獸敬製長句紀事和高陽相公》、魏源《澳門花園聽夷女揚琴歌》等。

　　近代西方音樂是隨著基督教而傳入澳門的。最早傳入中國的教堂音樂是風琴，中國人當時稱之爲「風樂」。屈大均《廣東新語》中曾有介紹「內排牙管百餘，外按以囊，噓吸微風，入之，有聲嗚嗚自櫃出，音繁節促，若八音然。」〔註15〕

〔註14〕章文欽：《澳門歷史文化》，第 290～293 頁。
〔註15〕黃鴻釗：《澳門史綱要》，福建人民出版社，1991 年版，第 265 頁。

澳門詩作中，不乏反映西洋音樂文化的內容。道光二十九年，魏源爲增訂《海國圖志》一書，特赴港澳兩地搜集資料並瞭解海外夷情。

來到澳門，寓居澳門議事公局管理華人事務官勞倫索・馬葵士家。馬葵士給予熱情接待，並邀請參觀其著名的白鴿巢花園，又喚其二女爲魏源表演西洋風琴。魏源遂吟《澳門花園聽夷女洋琴歌》爲贈：

> 天風吹我大西洋，誰知西洋即在澳門之島南海旁。怪石磊磊木千章，圍於海濤隔一牆。牆中禽作百蠻語，樓上人通百鳥語，鳥聲即作琴聲譜，自言傳自龍宮女。蟬翼纖羅髮鬖髿，廿弦能作千聲彈。初如細雨吹雲間。故將兒女幽窗態，寫出天風海浪寒，似訴去國萬里關山難。倏然風利帆歸島，鳥啼花放牆聲浩，觸碎珊瑚拉瑟聲，龍王亂撒珍珠寶。有時變節非絲竹，忽又無聲任剝啄。雨雨風風海上來，蕭蕭落落燈前簇。突並千聲歸一聲，關山一雁寥天獨。萬籟無聲海不波，銀河轉上西南屋。嗚呼，誰言隔海九萬里！同此海天雲月耳。膝前況立雙童子，一雙瞳子翦秋水。我昔夢蓬萊，有人長似爾。鞭騎吪鳳如竹馬，桃花一別三千紀。嗚呼，人生幾度三千紀！海風吹人人老矣。

〔註16〕

嶺南三大詩家之一的梁佩蘭《觀海篇贈龔蘅圃榷使》詩亦涉此題材：「……外諸島夷，海舶齊輻輳。向前見長官，方物報左右。脫帽以爲禮，帶劍不相授。交易用銀豆，駕部柔遠人。榷外並寬宥。島夷聽之喜，風琴一爲奏。此時黃雀風，五月中天候。海角紅扶桑，挺然凌霞秀」。詩中著力渲染西洋琴聲之動人心弦者。

梁迪《茂山堂詩草》二集之詠《西洋風琴》亦以詩述其友人副將郎亦傅巡邊至澳門，欣賞教士演奏西洋風琴。歸來後旋仿製一架，製作且超過原器，「西洋風琴似笙而大，比木代庖，以青金作管，以革囊鼓風，奏之聲聞百里。」梁迪爲此賦《西洋風琴》詩一首：

> 西洋風琴似鳳笙，兩翼參差作鳳形。青金鑄銅當編竹，短長大小遞相承。以木代庖囊用革，一提一壓風旋生。風生篁動眾竅發，牙籤嘎擊音砰訇。奏之三巴層樓上，百里內外咸聞聲。聲非絲桐乃金石，入微出壯盈太清。幽如翦刀裁繡閣，清如鸛鶴唳青冥。和如鶯燕啼紅樹，哀如猿猱吟翠屏。或如邊關晨吹角，或如軍壘夜傳鉦。或如寒淙

〔註16〕 魏源：《魏源集》下冊，第 739～740 頁。

瀉三疊，水簾洞口流憁琤。或如江濤奔萬馬，石鍾山下聞噌宏。或如獅吼蓮花座，裂石破雲天震驚。或如龍吟水晶闕，老魚瘦蛟舞縱橫。或如贔屭摩雙軸，迴環氣力九牛拼。或如蒲牢敲百八，振盪心魂群動醒。〔註17〕

此詩不禁令人想起蘇軾《前赤壁賦》中客之簫聲：「其聲嗚嗚然，如怨如慕，如泣如訴；餘音嫋嫋，不絕如縷，舞幽壑之潛蛟，泣孤舟之嫠婦。」亦如白居易《琵琶行》商婦奏之琵琶音：「大弦嘈嘈如急雨，小弦切切如私語。嘈嘈切切錯雜彈，大珠小珠落玉盤。」頗有同工之妙。清朝副將郎亦傅將西洋風琴引入中國大雅之堂。此舉值得在中西文化交流史上特書一筆。

清代，風琴已從教堂步入尋常西洋人之家。奉江西阮元之命，至嶺南緝逸犯至澳門之湯貽汾，在其《七十感舊》第七十八首原注中述曰：「琴制藏金絲於木櫝，飾牙牌十餘於櫝面。按牌成聲，牌乃隨指而起。予亦訪緝朱逆，得遍歷諸夷之家，夷女為予鼓琴一曲。」〔註18〕

道光七年，蔡顯原等為修《香山縣志》至澳查訪，由通事引導，訪問西洋人的家庭。其《聽西洋夷女操琴》序謂：「夷婦最後命長女出為禮貌，且操琴。纖妍婉約，微步安閒。縞衣素裳，薄如蟬翼。立而成操，數作數闋，壘壘珠貫，客去而後止。」詩末云：「自來夷樂偏氣勝，非邪則暴稀雅馴。鐵角金茄既亢戾，此尤溺志昏精神。」品評中，對於夷樂「溺志昏精神」之效頗不以為然。

康熙二十三年，清朝欽差大臣杜臻在廣東巡撫李士楨的陪同下巡視澳門，並宣喻開海貿易。次日離澳。後杜臻述其澳門行紀曰：「予至壘，彼國使臣率其部人奏番樂以迎入，其樂器有箏篴、琵琶，歌聲咿喔不可辨。使臣手握赤藤杖，質如珊瑚，光潤通明而柔韌可卷，不知何物，為彼國所甚重，非王賜不敢握，若符節……」〔註19〕

乾隆二年，番禺詩人汪後來遊歷澳門，作《澳門即事同蔡景厚六首》：「大磨刀接小磨刀，岸闊帆輕秋氣高。極目正愁飛鳥墜，罾棚人立浪心牢。蓮花出水地形奇，為問何年借島夷。卻怪伏波微戍日，不將銅柱立江涯。南環一派浪聲喧，鎖鑰惟憑十字門。借得西洋千里鏡，直看帆影到天根。赤鳥已映

〔註17〕梁迪：《茂山堂詩草》，第 2 集，《西洋風琴》，第 42 頁。

〔註18〕章文欽：《澳門歷史與文化》，中華書局，1999 年版，第 386 頁。

〔註19〕吳志良等《澳門編年史》，第二卷，第 663 頁。

三巴寺，白霧猶涵老漫山。七日一回看禮拜，番妓盈路錦斕斑。金巨雄雞鬥碧陰，華夷分隊立森森。輸贏亦是尋常事，老大難忘左袒心。衰顏一為故人開，端木天生屢中才。海錯雜陳嘗未遍，玻璃光瀉掌中杯。〔註20〕

作者立於澳門「大磨刀接小磨刀」之島嶼，「借得西洋千里鏡」極目海島，通過「飛鳥墜」、「浪聲喧」、「白霧」等秋景極力渲染其愁情。同時以東漢伏波將軍馬援南征交趾，與漢高祖劉邦死後軍中皆左袒之典故，表達其欲從夷人手中收回海島之強烈願望，與捍衛島嶼之決心。「七日一回看禮拜，番妓盈路錦斕斑」句，則描述了島上做禮拜之西洋風俗。而「千里鏡」、「玻璃杯」類器物，亦為人們展現了彼時西洋之物資文明。其後，澳門本地詩人趙同義又作《和汪白岸（後來）〈秋日澳門〉之作》

西洋「千里鏡」自明末經利瑪竇傳入中國以後，至康熙中葉，中國人已經將其應用於航海。據屈大均所詠，當時從澳門出航東洋日本的中國海舶，同時裝著千里鏡和羅盤針：「五月漂洋候，辭沙肉米沈。窺船千里鏡，定路一盤針。」（《澳門》第六首）西洋人出門佩帶刀劍，刀頭一置羅盤針，一置千里鏡。汪後來《澳門即事同蔡景厚六首》之三：「南環一派浪聲喧，鎖鑰惟憑十字門。借得西洋千里鏡，直看帆影到天根。」詩人遊歷南灣，從同遊的西洋人借得千里鏡，遠望十字門的帆影，直到天邊的點點白帆都可以看到。

詠西洋眼鏡，如李紱《眼睛詩》云：「西域傳奇製，昏眸得暫清。」〔註21〕

同治二年，湖南道州人何紹基攜友人陳亞蘇等同遊澳門、香港，留下《乘火輪船遊澳門與香港作，往返三日約水程二千里》詩一首，詩中詠及在澳港兩地所見西方蒸汽輪船、車輛、儀器、格致之學及同文福音等：「水沸水輪轉，舟得輪運疑有神。約三時許海行更比江行駛，不帆不蒿惟恃爐，爐中石炭氣焰黦。……止為人人習重學，屋宇車船等儀器。」〔註22〕

石濂大汕之《西番蓮歌》七古，雖寫西洋方物，卻另有深意：「昔日在西番，遠移巨航載。泛海珠江來，奇葩爛熳開。到岸人爭買，進植粵王臺。可憐異國花，看盡幾朝人？君不見，天府蓮，花開十丈藕如船；又不見，吳宮蓮，西施一去成荒煙，紛紛金谷花無倚」。

〔註20〕吳志良、湯開建、金國平主編：《澳門編年史》，廣東人民出版社，2009年版，第2卷，第912頁。

〔註21〕印光任、張汝霖：《澳門紀略》，卷下，第33、35頁。

〔註22〕吳志良等：《澳門編年史》，廣東人民出版社，2009年版，第四卷，第1749頁。

此外，西洋技藝如自鳴鐘、曆算、鏡畫，馬戲；器物如刀劍、衣冠、食品、洋酒、餐具、轎輿等，在中國詩人的筆下亦每有詠及。

光緒十三年，10～11 月，廣東南海人康有為遊香港之後，順道遊澳門，並在澳門觀看馬戲，留下《香港觀賽珍會閱歐戲，遂遊濠鏡觀馬戲，為見歐俗百戲之始》詩一首：「香江陸海感蒼茫，濠鏡山川對夕陽。若問先生果何見，詭奇馬戲及蠻裝。」〔註23〕

馬戲起源於古羅馬競技場。官方史上記載的第一個馬戲團是一七六九年於英國倫敦所創立的菲利普‧艾特雷馬戲團。馬戲在我國亦有著悠久的歷史。西漢桓寬的《鹽鐵論》中，即有「馬戲鬥虎」的記載。據載咸豐皇帝每到正月十五日，都要觀看馬戲表演，至清代馬戲表演技巧已十分成熟，技藝精湛高超。

關於西洋美術，《澳門紀略》所記的西洋畫包括紙畫、皮畫、皮扇面畫、玻璃諸器畫、琺瑯人物山水畫、繡花畫等。又介紹西洋畫之透視法和立體感，稱其畫：「樓臺宮室人物，從十步外視之，重門洞開，層級可數，潭潭如第宅，人更眉目宛然。」〔註24〕

又如廣東著名詩人鍾啓韶等人乘船經香港入澳門一遊，留下《澳門雜詩十二首》其中：「風濤竟三日，浩浩勢黏天。襆被登山館，煎茶得冽船。刀叉芒不頓，麥乳食差便。待醒蘆卑酒，巴菰卷葉煙。」〔註25〕詩人描述食刀叉代箸，以酥酪和麵煨啖之，不設穀食。宴終撤席。

6.5　詠澳門風土人情

嘉靖四十四年（1565）十二月自次年元月間，明代著名作家葉權遊歷嶺南至澳門。以他親眼所見，記下了定居澳門不久的葡萄牙人的外貌、衣飾、信仰及生活習俗等情況，為澳門開埠初期之歷史留下了寶貴的第一手材料。葉權在其《遊嶺南記》中詳細地敘述了他親所聞見之西國與西人。述其外貌曰：

> 島中夷屋居者，皆佛郎機人，乃大西洋之一國。其人白皙潔淨，
> 免髮多髯，鼻隆隆起，眉長而低，眼正碧。頂紅帽，著褲襪，艾薩克

〔註23〕吳志良等：《澳門編年史》，廣東人民出版社，2009 年版，第四卷，第 1979頁。

〔註24〕引自吳志良等：《東西交匯第一門》，中國友誼出版公司，1998 年版，第 85頁。

〔註25〕珠海歷史名人研究會編：《珠海歷代詩詞選》，珠海出版社，2007 年版。

哈喇爲之，或用雲彩綢緞鏨梅花八寶之類於其上，皆鮮豔美好。足登
革履，俱勾身爲便利，以軟皮爲指套，套掌上。有時左手持念珠，右
拽一杖。天稍寒，則戴氈笠子，披氅衣，如架裝。富者用紅撒哈喇，
以紫剪絨緣領，胸首碼金鎖雜飾，戒指鑲以西洋寶石，香油塗身，腰
懸八刺鳥，長咫尺，以金銀錯之，其色稍黑乃匕首有毒者。隨四五黑
奴，張朱蓋，持大創棒長劍。劍之鐵，軟而可屈，縱則復伸。雖貧賤
與群奴服飾，亦不寂寞。唯有喪者衣青長衫，戴青帽，不用他顏色。
婦人更潔白，華貴被首，裹以幅布，或用錦繡，耳級金環，拽皮履，
以大幅布或錦繡從頂上披下拖地，止露其面，雜佩珊珊。」

述其居室曰：

> 其屋室四面板壁，從脊下出，地籍軟草，坐胡床及凳。火食，飲
> 西洋酒，味醇濃，注玻璃杯中，色若琥珀，無匙箸，用西洋布方尺許，
> 置小刀其上人一事手割食之。以瓦壺盥沐，水瀉下不更濯。〔註26〕

乾隆九年六月，澳門同知印光任在靠近大碼頭澳門海關關部附近租了一
間葡人的居宅，印光任稱之爲「碉樓」，作臨時辦公室用。這一年，他在澳門
呆了很長時間，並完成了爲後人稱道的《濠鏡十景》的詩篇，題名爲：碉樓
春曉、南環浴日、濠鏡夜月、三巴曉鐘、望洋燈火、蘭寺濤光、蓮峰夕照、
青州煙雨、雞頸風帆、橫琴秋霽，此外他還寫了《濠鏡新秋晚眺》詩。多爲
描述濠鏡風情。錄其二首，如，三巴曉鐘：「疏鐘來遠寺，籟靜一聲聞。帶月
清沈海，和雲冷度山。五更昏曉機，萬象有無間。試向蕃僧問，曾能識此關。」
〔註27〕當時的三巴寺，即有令當時的人們大開眼界的，法王路易十四的自鳴
鐘表，從這首詩中即可知曉。三巴寺「它的美是無與倫比的，除了聖彼得堡
教堂外，連羅馬當代教堂都爲之遜色。」可惜，這一切，都隨著1835年的一
場大火而魂歸天國。登高遠望東西望洋山，是文人騷客吟誦澳門的話題，印
光任《望洋燈火》，即描述了澳門海洋火樹銀花之勝景：「望洋臨絕頂，千樹
獨繽紛。照海光搖電，烘天焰結雲。鵲橋疑入曉，銀漢逼斜曛。萬里歸帆近，
燈花豔紫氛。」如此景致，令其時位高權重之印光任流連忘返。

西方文藝復興和宗教改革兩大運動的原因之一，即教會內部的腐敗，導

〔註26〕吳志良、湯開建、金國平主編：《澳門編年史》，第一卷，廣東人民出版社，
　　　　2009年版，第139頁。
〔註27〕吳志良等：《澳門編年史》，廣東人民出版社，2009年版，第二卷，第941頁。

致教會本身的嚴重危機。葉廷勳《于役澳門紀事十五首》之十，即摹寫了西洋教士耽於蕃女，簇擁其聽洋樂，在教堂徹夜狂歡宴飲之狂態：「洋蠟高燒鼓吹奇，管絃聲徹夜闌時。番僧不孚如來戒，笑擁蠻姬酒一卮」。

擁有大量財產和特權之後，僧侶貴族的生活不可避免地日益腐化和世俗化。中世紀後期某些神職人員與情婦和妓女結下不解之緣，不少僧侶貴族生活的腐敗較之世俗封建主甚至有過之而無不及。屈大均《廣東新語·地語·澳門》即有：「女入寺，或惟法王所欲，與法王生子，謂之天主子，絕貴重矣」之內容。明末許大受《佐闢》稱：「至若從夷者之妻女，悉仙其群居，而受夷之密教。爲之灌聖水，滴聖油，授聖櫝，嚌聖鹽，燃聖燭，分聖面，揮聖扇，蔽聖帳，披異服，而昏夜混雜又何歟。」〔註28〕

吳漁山《嶴中雜詠》之三，反映了當時在澳門的葡萄牙服役之黑人們的生活情景：「黃沙白屋黑人居，楊柳當門秋不疏。夜半罟船來泊此，齋廚午飯有鮮魚。」澳門罟民在深夜即將船停泊在爲傳教士和葡萄牙服役的黑人小屋門前，將鮮魚賣給他們，以供四旬齋素之用。

南社名士潘飛聲寫有《澳門雜詩》等澳門詩十四首，其四曰：

　　自飯晨餐豉與瑕，烏龍猶勝架非茶，

　　髮晴黑似吾華種，已見葡萄屬漢家。

這首詩寫澳門葡人經長時間的與華人通婚華化後，已衍生出一種混血人種，在澳門流行的名稱爲土生或土生葡人，他們的樣貌和生活習慣已與華人幾乎相同。

清末，日漢詩詩人永井久一郎曾遊澳門，其《來青閣集》之三首，可視作澳門與日本人民在文化和經濟領域裏交流之史料：

其一：《澳門尋錢屋五兵衛宅址》：

　　故址來尋海一隅，乘風破浪懷雄圖。當年惜被官家誤，錢五眞成是丈夫。德川幕政時，禁海外貿易，錢屋犯禁事露，官府沒收其家產，處流謫。

其二：《三巴寺》

　　何人超海起僧堂，劫後空看殘址荒；

　　今日圖南豈無策，臨風有客立斜陽。

〔註28〕轉引自：謝和耐、耿昇譯：《中國和基督教》，上海古籍出版社，1991年版，第278頁。

往昔日本人往澳門，捐資建「聖保羅天主堂」，華人稱云「三巴寺」，蓋以其音相似也。

其三：《澳門過葡國詩人嘉莫意舊居》：

> 東西音異趣相同，落拓天涯作寓公，
>
> 路入茂林修竹裏，一龕遺影見高風。

這一篇緬懷曾居停澳門，被放逐後在澳門過著隱居生活，並留下不朽詩篇的葡國文學史上最偉大的文豪路易・賈梅士。

康熙二十三年，清朝欽差大臣杜臻巡視澳門，著文述其澳門行紀，同時亦留下七言古詩《香山澳》，詩云：

> 香山之南路險巇，層嵐疊嶂號熊羆。
>
> 濠鏡直臨大海岸，蟠根一莖如仙芝。
>
> 西洋道士識風水，梯航萬里居於斯。
>
> 火燒水運經營慘，雕牆峻宇開通衢。
>
> 堂高百尺尤突兀，丹青神像儼鬚眉。
>
> 金碧螢煌五彩合，珠簾繡柱圍蛟螭。
>
> 風琴自鳴天籟發，歌聲嗚嗚彈朱絲。
>
> 白頭老人髮垂耳，嬌童彩袖拂冰肌。
>
> 紅花滿座延上客，青鳥銜桃杯玻璃。
>
> 扶杖穿屐迎道左，稽首厥角語鴃咿。
>
> 自言慕意來中夏，天朝雨露眞無私。
>
> 世世沐浴聖人化，堅守臣節誓不移。
>
> 我聞此言甚欣喜，攬轡停驂重慰之。
>
> 如今宇內歌清晏，男耕女織相熙熙。
>
> 薄海內外無遠邇，同仁一視恩膏施。
>
> 還歸寄語西洋國，百千萬祀作藩籬。〔註29〕

詩歌從香山之景，到西洋人之器物「梯航」、「風琴」，乃至西洋人之貌，之禮節，之語言，之願望，無不娓娓道來，引人入彼時香山情境之中。

康熙二十三年，香山劉世重於前山寨南築嘯廬入澳一遊，遙望澳門景物，逐動遊興，留下吟詠澳門詩作四篇：

〔註29〕杜臻：《經緯堂詩集》，卷4，《香山澳》，第9、10頁。

詠澳門

> 窮島陰崖有浪痕，銀樓粉閣自乾坤。
> 番童夜上三巴寺，洋舶星維十字門。
> 邪日聽鐘才早供，妙檀羅拜又黃昏。
> 思傳六籍將夷變，令識中華禮教尊。

三巴寺

> 地入蠻方蓋，天連嶺嶠高。坐堂環白鬼，聽法間紅毛。
> 殿閣標雲藹，山門疊海濤。西洋傳佛國，金相果稱豪。

望洋臺

> 關外蓮花地，蓮花山半腰。築城陶覽罿，對著海門潮。
> 怪浪排空黑，驚濤帶日搖。望洋人不見，臺畔草蕭蕭。〔註30〕

青洲山

> 萬派波光一柱浮，巍然獨立在中流。
> 望來飄渺疑三島，板去鴻蒙更十洲。
> 銀海星搖天地動，石門潮落水雲幽。
> 蒼崖恍惚金山似，曾到煙鬟最上頭。〔註31〕

如同四幅寫意畫，詩人放眼天地、銀海之間，將鏡頭從澳門特定的歷史人、物畫面拉到波光山水的現實景物之中，寫意與寫實融為一體，滄桑而又雄奇，令人感慨噓唏。

清亡之後，蕞爾澳門，文化名人之遺跡被不斷挖掘，僅民國時期，著名的軍政界名人、詩人、詞人、學者所寫有關澳門作品者，計有汪兆鏞、汪兆銓、崔師貫、釋暢瀾、丁潛客、吳道鎔、馮秋雪、馮印雪、劉草衣、趙達城、梁彥明、黃沛功、周佩賢、黃節、張學華、陳寂、廖平子、高劍父、金曾澄、繆撰一、賀耜、陳融、冼玉清、佟紹弼、熊閏桐、黃尊生、商衍鎏、章士釗等約共一百六七十人。〔註32〕

（二）明清詩歌中之天主教文化

澳門是天主教在遠東的傳教中心，也是中西文化交流的最重要窗口。

〔註30〕劉世重：《東溪詩選》，卷2，《藕全集》，第5、6頁。
〔註31〕劉世重：《東溪詩選》，卷2，《藕全集》，第15頁。
〔註32〕參見鄭煒明：《16世紀末至1949年澳門的華文舊體文學概述》（下），許昌師專學報，1998年02期。

較早在文學中反映澳門天主教文化的是明代著名作家安徽休寧人葉權。葉權曾遊歷嶺南至澳門，以他親眼所見，記下了定居澳門不久的葡萄牙人的外貌、衣飾、信仰及生活習俗等。爲澳門開埠初期之歷史留下了寶貴的第一手資料。嘉靖乙丑年（1565）十二月，葉權到達澳門，並在澳門居住了一段時間。據其對澳門葡人的細微觀察，在其《遊嶺南記》中詳細地敍述了他親所聞見的澳門。曰：「島中夷屋居者，皆佛郎機人，乃大西洋之一國。其人白哲潔淨，兔髮多鬙，鼻隆隆起，眉長而低，眼正碧。頂紅帽，著褲襪，艾薩克哈喇爲之，或用雲彩綢緞鑿梅花八寶之類於其上，皆鮮豔美好。足登革履，俱勾身爲便利，以軟皮爲指套，套掌上。有時左手持念珠，右拽一杖。天稍寒，則戴氈笠子，披髦衣，如架裝。富者用紅撒哈喇，以紫剪絨緣領，胸首碼金鎖雜飾，戒指鑲以西洋寶石，香油塗身，腰懸八刺烏，長咫尺，以金銀錯之，其色稍黑乃匕首有毒者。隨四五黑奴，張朱蓋，持大創棒長劍。劍之鐵，軟而可屈，縱則復伸。雖貧賤與群奴服飾，亦不寂寞。唯有喪者衣青長衫，戴青帽，不用他顏色。婦人更潔白，華貴被首，裹以幅布，或用錦繡，耳綴金環，拽皮履，以大幅布或錦繡從頂上披下拖地，止露其面，雜佩珊珊。」〔註33〕

值得注意的是，其時距葡萄牙人正式入居澳門不足十年。而葉氏就將其在澳門的情況進行了較爲詳細的報導，其資料的珍貴與權威毋庸置疑。

其後，中國文獻中反映天主教的記載漸多，以中國詩詞的文學形式來描述天主教的亦爲數不少，方豪《明末清初旅華西人與士大夫之晉接》稱巴黎國家圖書館藏鈔本有《閩中諸公贈詩》一冊，收明末閩中士大夫數十人與西洋教士唱酬之作，錄有中國士大夫贈利瑪竇、艾儒略、湯若望和南懷仁等教士詩二十餘首。陳垣《從教外典籍見明末清初之天主教》引用萬斯同、全祖望的詩詞三首。〔註34〕對於天主教之於澳門的描寫，詩作中不僅以其傳教士爲對象，同時亦有對天主教堂之關注。順治十二年至康熙元年，任番禺教育的陳衍虞，在其《由香山徑入濠鏡澳遍遊天主寺》云：「炱䣛列寶坊，金碧競綺麗。……寺魂逼目光，常恐遯即逝。」〔註35〕「寺魂」

〔註33〕湯開建：《葉權與澳門》——1565 年一位中國知識分子關於澳門的真實報導》：《嶺南文史》1998 年第 03 期；亦見於《澳門編年史》第 1 卷，第 138、139 頁。

〔註34〕參見《陳垣學術論文集》，第一集，中華書局，1980 年版，第 204、224 頁。

〔註35〕陳衍虞：《蓮山詩集》，道光十九年補刊本，卷 2，第 10 頁。

二句，描寫了教堂的高峻神秘以及詩人急於探索奧秘的心情。康熙二十三年（1684），欽差大臣、工部尚書杜臻巡視澳門，其詩《香山澳》云「西洋道士識風水梯航萬里居於斯。火燒水運經營慘雕牆峻孫開通衢。堂高百尺尤突兀丹青神像儼顰眉。金碧熒煌五采合珠簾繡柱圍蛟螭」。〔註36〕描寫了西洋教士經營的艱辛，教堂外觀的壯麗，神像雕塑的精美，以及堂內布置的奢華。乾隆初年黃呈蘭的《青玉案·澳門》詞「綺窗朱檻，玉樓雕鏤，這是三巴寺」。〔註37〕

　　中國詩人吟詠澳門教堂的詩篇亦以三巴寺為最多。最早的一首當推吳興祚的《三巴堂》：「未知天外教，今始過三巴。樹老多秋色，窗虛迎月華。誰能窮此理，一語散空花。坐久忘歸去，聞珗思伯牙」。〔註38〕此詩為時任兩廣總督的吳興祚初次巡視澳門時所作。詩人在一個秋天的黃昏來到澳門，趁著月色遊覽三巴寺。字裏行間滿懷參禪問道的虔誠，抒寫了世無知音的感慨。三巴寺的琴聲令詩人留連忘返。這種琴聲來自教堂內，是為配合誦經、講道和唱詩而設的西洋風琴。

　　康熙二十三年，香山人劉世重以三巴寺的少年修士夜間登上最高層觀海，見到洋舶如天上繁星，星星點點地停泊在十字門，寫下了《澳門》一首：「窮島陰崖有浪痕，銀樓粉閣自乾坤。蕃童夜上三巴寺，洋舶星維十字門。斜目聽鐘才早供，妙檀羅拜又黃昏。思傅六籍敷文治，令識天朝禮教尊」。詩寫澳門天主教禮義及澳門景色，清新寫實。

　　清初康熙年間，又有陸希言撰的《澳門記》：「……然依賴以安全者，有文士焉，衣服翩翩，吟哦不輟，從天主堂而出入，讀書談道，習格物窮理而學超性者，有武士焉，攘衣露肘，帶刀佩劍，從炮臺而上下，較勇力，比超距，思擒遊龍而搏猛虎者。是諸文武之士，恪守上帝之明而不敢違，其靜動行為，無不託庇於天主。故天主聖堂不一。」宣揚澳門文武諸士其行為規範「無不託庇於天主」，為天主教道張目。

　　明清時代，無論是澳門葡人還是天主教士皆因視其為歸順天朝王化的「內附之夷」或「西來遠臣」才被允許在中國居住的。杜臻的《香山澳》詩記述他巡視澳門時與一教士的談話就說明了這一點「白頭老人髮垂耳……扶杖穿

〔註36〕杜臻：《經緯堂詩集》，康熙間刊本，卷4，第9頁。
〔註37〕許玉彬、沈世良《粵東詞鈔》，道光二十九年刊，第2冊，第1頁。
〔註38〕吳興祚：《留村詩抄》，康熙間刊本，第37頁；轉引自章文欽《澳門歷史文化》，第312～314頁。

展迎道左，稽首廠角語嘔咿。自言：『慕義來中夏，天朝雨露眞無私。世世沐浴聖人化，堅孚臣節誓不移』。我聞此語甚欣喜，攬轡停驂重慰之：『如今海內歌清宴，……薄海內外無遠邇，同仁一視恩膏施。還歸寄語西洋國，百千萬作藩籬』。〔註39〕欽差大臣杜臻的態度正表現了清政府不明世界大勢，懷有天朝上國的優越感與自大心理。

　　教會內部的腐敗導致教會本身的嚴重危機，成爲文藝復興和宗教改革兩大運動的原因之一。葉廷勳《于役澳門紀事十五首》之十，即摹寫了西洋教士簇擁著蕃女聽洋樂，在教堂徹夜狂歡宴飲之態：「洋蠟高燒鼓吹奇，管絃聲徹夜闌時。番僧不孚如來戒，笑擁蠻姬酒一卮」。擁有大量財產和特權之後，僧侶貴族的生活不可避免地日益腐化和世俗化。中世紀後期某些神職人員與情婦和妓女結下不解之緣，不少僧侶貴族生活的腐敗較之世俗封建主甚至有過之而無不及。屈大均《廣東新語・地語・澳門》條，即有：「女入寺，或惟法王所欲，與法王生子，謂之天主子，絕貴重矣」。明末許大受《佐闢》稱：「至若從夷者之妻女，悉仙其群居，而受夷之密教。爲之灌聖水，滴聖油，授聖檳，嚛聖鹽，燃聖燭，分聖面，揮聖扇，蔽聖帳，披異服，而昏夜混雜又何歟。」〔註40〕

　　澳門西人信奉之天主教，亦爲其時詩人們所關注的重要題材。陳官《澳門竹枝詞》之二：「澳門禮數異中華，不拜天尊與釋迦」。單子廉《耶蘇》：「外國有蠻經，其名曰耶蘇。……我聞澳門鬼，欽之如典謨。登壇高說經，聽講來千夫。劈面擊銅鼓，椎髻宣寶符。珠纓星宿炫，花疊龍蛇舞。歡呼並翕習，聳聽遍九衢。」〔註41〕描繪出那種萬眾翕習，舉澳若狂的宗教氣氛。

　　汪後來《澳門嗛事卻蔡景厚六首》之四：「赤烏己映三巴寺，白霧猶涵老漫山。七日一回看禮拜，番姬盈路錦斕斑」。〔註42〕描寫禮拜日的早晨，西洋婦女穿著絢麗多采的服裝，迎著初升的太陽，蜂擁而至教堂做禮拜的情形。又如葉廷勳《于役澳門紀事十五首》之九：「纏頭花帽影偏伶，信步齊登禮拜亭。怪得西洋禒佛國，念珠牢記誦心經」。金采香《澳門夷婦拜廟詩》之一則寫禮拜日三巴寺內人氣氳氳竟日不倦的盛況「三巴門內瑞煙開，夷婦殷勤禮

〔註39〕杜臻：《粵閩巡視紀略》，上海古籍出版社，1979年影印本，卷二，第19～20頁。
〔註40〕轉引自：謝和耐、耿昇譯：《中國和基督教》，上海古籍出版社，1991年版，第278頁。
〔註41〕單子廉《小泉詩草》，同治九年刊，卷4，第15頁。
〔註42〕印光任、張汝霖《澳門紀略》，卷下，《澳蕃篇》，第27頁。

拜來。席地跏趺忘日永，氤氳人氣繞蓮臺。」

宗教節日包括聖母耶誕節、齋戒日等，這方面題材如：《粵中雜詠》第二十七首描寫耶誕節：「面千燈耀小林崖，錦作雲鬠臘作花。妝點冬山齊慶賞，黑人舞足應琵琶」。方豪教授說這首詩：「詠耶誕節所布置之山洞也。漁山以之入詩，則當時內地各堂似尚無此風」。41）最早從事非洲黑奴貿易的葡萄牙殖民者，在澳門長期保留黑人奴隸制的殘餘。在耶誕節一片火樹銀花的氣氛中，為葡人家庭或西洋教士充當奴僕，勞累了一年的黑人，也喚回那能歌善舞的天性，應著琵琶的曲調，翩然起舞。這是描寫西洋人耶誕節最早的一首中國詩。

《粵中雜詠》第三首描寫耶穌受難節：「黃沙白屋黑人居，楊柳當門秋不疏。夜半蜑船來泊此，齋廚午飯有鮮魚」。〔註43〕天主教在耶穌受難前有四十日齋期，舊時四十日均須守小齋，禁食熱血動物，水族不禁。詩中沒有直接描寫教堂紀念受難節的情形。而是通過為葡人和教士充當奴僕的黑人，住在海岸邊低矮的茅屋中，深夜裏向停泊岸邊的蜑船購買鮮魚，為齋廚備辦供四旬齋的食物，來渲染受難節的氣氛。

三、獨具面貌的澳門訪客之詩作

6.6　汪兆鏞之《澳門雜詩》

汪兆鏞（1861～1939），字伯序，一字憬吾，自號慵叟，晚號今吾、清溪漁隱，信奉道教後，號覺悟道士。〔註44〕係廣東書香世家。汪精衛（原名汪兆銘）即為汪氏同父異母弟。光緒十五年（一八八九）舉於鄉，兩應禮部試，不售，遂南歸，為人佐治。辛亥後僑居澳門，閉戶撰述。嘗受業陳澧門下，治經、治史，一以師說為歸。民國二十八年（一九三九）卒，年七十九。著有《晉會要》、《碑傳集三編》、《微尚齋詩文集》、《雨屋深鐙詞》等。（參閱張爾田撰：《汪君墓誌銘》）汪兆鏞早歲入學海堂，奉陳澧為師。辛亥革命爆發後，以遺老自居。前後寓居澳門凡十二次。1937 年，因日軍犯粵，不得已再次來澳，先後暫居南灣七號、二龍喉張仲球園宅，直至去世。居澳期間，汪兆鏞仍潛心著述，先後編撰《元廣東遺民錄》、《嶺南畫徵略》、《碑傳集三編》等數，為澳門的學術研究奠定了基礎。同時，亦留下大量吟詠澳門的詩歌，

〔註43〕章文欽：《澳門歷史文化》，中華書局，1999 年版，第 351 頁。
〔註44〕吳志良等《澳門編年史》，第五卷，第 2592 頁。

均編入《澳門雜詩》、《微尙齋詩》、《微尙齋詩續縞》、《棕窗雜記》等詩文集，爲澳門詩壇留下豐碩成果。其中 1918 年正式出版的《澳門雜詩》，爲汪兆鏞到澳門後主要詩作的結集，共 74 首，包括《澳門雜詠》26 首，《澳門寓公詠》8 首、《竹枝詞》40 首。〔註45〕

汪兆鏞《澳門雜詩》之《雜詠》第一首，即申明澳門自明嘉靖起，政府已設關卡派官駐守，中國對澳門一直行使著主權：「互市濠鏡澳，津自嘉靖起。設關官守之，啓閉侯符使。如何百年來，彼族頻增壘。旁行斜上書，突厄閟前峙。我來長太息，疇爲志疆理。」

其《澳門雜詩》對東望洋山和西望洋山亦曾有詩詠贊：「東西兩望洋，嶒然聳雙秀。地勢繚而曲，因山啓户牖。南北成二灣，波平鏡光逗。登高一舒嘯，空翠撲襟袖。尤喜照海鄧，轉射夜如晝。」咸豐七年八月，廣州十三行孚泰行行商鶴山人易瀾光因逃避英法聯軍進攻廣州戰火而移居澳門作《登澳門東望洋山》詩曰：「風塵百累日相牽，此地登臨亦偶然。雲石千層連沓嶂，波濤萬頃蹴低天。水光吞吐乘潮月，帆影縱橫破浪船。極目誰窺溟海量，欲尋仙島更躋巔。」〔註46〕

如今的澳門海濱，因大規模的塡海造地和海水淤塞，已不復往日之波光帆影的景象，透過其詩，後人可以想見當年澳門海島之壯觀與情趣。

《白鴿巢山亭》一詩，宣洩了其對於葡國殖民者侵佔澳門之不滿：「海上波濤忘無矣，失涯旅客竟何之。獨尋亂石叢生處，誰遣寒蕪落日時。飛鳥冥冥迷向背，臨崖了了有安危。余升判就山中老，欲折蠻花意自遲。」

此詩寫於壬子年（1912），對於辛亥革命時被迫避地於這塊葡人管治的土地上，汪兆鏞思緒紛繁。「欲折蠻花意自遲」一句，暗示了他對於葡人管治中國領土的不滿，時人評此句曰：「汪兆鏞……居澳甚閒，近聞擬考集澳門跡者爲志乘，又偕二三知交，徜徉於山巓水湄，或婆娑於冷攤之開鬼集古物，賞遊白鴿公園，云：『欲折蠻花意自遲』，意味甚深」。道出了葡人蠶食澳門之叵測居心。

據傳 1926 年 2 月某天，汪兆鏞與詩友崔伯越、張仲球登松山遊覽，在山間無意中發現一花樹貌似杜鵑花，花瓣分三瓣組朵，花色正紫色，花芯

〔註45〕《微尙老人自訂年譜》，轉引自：吳志良等《澳門編年史》，第五卷，第 2593 頁。

〔註46〕易瀾光：《寄閒堂詩鈔》之《登澳門東望洋山》，第 16 頁，轉引自《澳門編年史》第 4 卷，第 1717 頁。

小花蕊呈淺黃色，花瓣上點綴有天然的白色碎點。此花在「萬松深翠中，低蔟紫豔，柔枝婀娜，搖曳多姿，遠望花心，如哈露未晞，鮮潤妍絕」。致使這三位詩人在花旁石下坐憩賞玩良久。向花匠詢問，方得知此花乃由大西洋國引來澳門的不知名花卉，與澳門本地野生的棠梨花自然雜交而生成的一種新的野花。汪兆銘於是將此花命名作「海紫杜鵑花」，並作《三姝媚》詞一首以誌之。

十三年之後，汪兆鏞第十二度來澳門避難居停時，在張仲球的「張園」（因樹園）中下榻，他發現不知何時，張仲球已命花匠將松山上野生的「海紫杜鵑花」移植園中，且生長葳茂，花開繁妍，汪兆鏞大有「見花如見故人」之慨，於是拉著張仲球和崔伯越在園中「海紫杜鵑花」下攝影留念，並再次用《三姝媚》詞牌韻，作詞詠之。

汪兆鏞等遺老在澳門松山發現奇珍野卉「海紫杜鵑花」及兩度作《三姝媚》詞詠誌之逸事，一時輾轉文壇，構爲佳話。據說當時的澳葡總督阿爾‧巴爾博箚命人將兩株「海紫杜鵑花」分別移植在總督府和總督官邸（聖珊澤宮）之花園內。

1939 年 9 月 11 日，汪兆鏞病逝在澳門，終年 79 歲。時燕京大學教授張爾田之輓聯曰：

> 國仇家恨，萃於一身，居夷廿餘年，何慚西山高臥；
> 孔思還情，期望終古，著書數百卷，卓然東塾正傳。

中國史學家陳垣（1880～1971），聯挽曰：

> 節擬西山，學傳東塾；詞刊雨屋，詩著晴簃。

詩中「西山」，即宋學者眞德秀，人稱西山先生；「東塾」，清學者陳澧之號；「雨屋」，汪有詞集《雨屋深燈詞》；「晴簃」：徐世昌著《晚晴簃詩匯》，收有汪兆鏞詩。

6.7 吳漁山之《嶴中雜詠》

吳歷，號漁山，別號桃溪居人、墨井道人，江蘇常熟人。康熙十年受洗成爲基督徒，康熙十八年到澳門。著有《寫憂集》、《三巴集》及《三餘集》等。《三巴集》是其在澳門學道生活的眞實寫照。其中《嶴中雜詠》三十首。反映了吳漁山澳門之見聞及眞實感受。

關頭閱盡下平沙，濠鏡山形可類花。居客不驚非誤入，遠從學道到三巴。到澳門進教的華人信徒多爲珠江三角洲的鄉民，「間有外省之人」到澳門進

教。江蘇的吳漁山等名士即爲先例。詩人述其遠道而來澳門耶穌會堂三巴寺學道，他邁步越過澳門的關閘，踏上蓮花莖平坦的沙路，只見濠鏡山色紫黑，形類花朵。

黃沙白屋黑人居，楊柳當門秋不疏。夜半疍船來泊此，齋廚午飯有鮮魚。

屈大均《廣東新語》：「予廣盛時，諸巨室多買黑人以守戶，號曰鬼奴，一曰黑小廝。其黑如墨，唇紅齒白，髮鬈而黃。生海外諸山中，食生物，捕得時與火食飼之，累日洞泄，謂之換腸。此或病死，或不死即可久畜。能曉人言，而自不能言，絕有力，負數百斤。性淳不逃徙，嗜欲不通，亦謂之野人。一種能入水者，曰崑崙奴。記稱龍戶在儋耳，其人目睛青碧，入水能伏一二日，即崑崙奴也。」〔註 47〕居澳門島的黑人每當夜半，即到島上停泊的疍船上購買鰣鰡鮮魚，用橄欖油炙之，供四旬齋素。

捧臘高燒迎聖來，旗幢風滿炮成雷。

四街鋪草青如錦，未許遊人踏作埃。

詩中描述的是沙勿略聖人出會，滿街鋪花與草爲敬，所謂「四街」即爲畏威懷德之街名這一條街（今營地大街）實際上是一條縱街與一條橫街交叉而成的十字街，「被明廷分別命名爲『畏字街』、『威字街』，『懷字街』、『德字街』。」〔註 48〕

晚堤收網樹頭腥，蠻疍群沽酒滿瓶。

海上太平無一事，雙扉久閉一空亭。

一曲樓臺五里沙，鄉音幾處客爲家。

海鷗獨拙催農事，拋卻濠田問浪邪。

詩歌展現了一幅地土縱橫五六里，然而隔水濠田瘠薄，居人不諳春耕，轉向海浪討生計之島上漁家的畫圖。陸希言《澳門記》述此況曰：「間或有人，非山賊即島夷。亦有閒田可耕，良農不敢寧居，故貢賦絕少。所上者，惟商舶往來，抽征洋稅耳。」〔註 49〕

〔註 47〕屈大均《廣東新語》卷七〈黑人〉、卷二〈澳門〉；《歷代史料筆記叢刊》句斷本，中華書局，1985 年版，第 234、32 頁。

〔註 48〕湯開建：《澳門開埠初期史研究》，中華書局，1999 年，第 225 頁。

〔註 49〕方豪：《中國天主教史人物傳》中冊，《陸希言》，第 250 頁。

一發青州斷海中，四圍蒼翠有涼風。

昨過休沐歸來晚，夜渡波濤似火紅。

小西船到客先聞，就買胡椒鬧夕曛。

十日縱橫擁沙路，擔夫黑白一群群。

這兩首分別描述了海中青州，爲納涼休沐之勝地，海濤夜激，絕如散火流星之狀。與小西船所載的貨物至澳，擔夫爭路擺攤，縱橫路邊，販賣貨物長達十日之久的熱鬧場景。

第二層樓三面聽，無風海浪似雷霆。

去來畢竟輸鷗鳥，長保群飛入畫屏。

短毳衣衫革屨輕，炮臺山下踏新晴。

偶逢鄉舊說西礦，近覺黃金不易生。

臘夜如年寒漸短，舊襟欲覆衣還暖。

前後山嶺一聲鐘，醒卻道人閒夢斷。

此兩首分別述澳門炮臺與前山聖母堂踏青所見之夷人穿著、言談；以及聖母堂鐘聲響起，各堂大鐘即應之情狀。

性學難分海外師，遠來從者盡童兒。

何當日課分卯酉，靜聽搖鈴讀二時。

吳漁山來澳門後，在聖保祿學院學習神學，入耶穌會。後返回江南，1688年晉升司鐸，在上海一帶主持教務達三十年。這首詩描述了其在聖保祿學院學習時的作息情況。書館有大學、小學，課讀只卯酉二時，搖銅鈴上學。

門前鄉語各西東，未解還教筆可通。

我寫蠅頭君鳥爪，橫看直視更難窮。

詩中敘述了其與西人交談時的窘況，西字如蠅爪橫行，由於語言不同，只好用筆來與西人交流。

百千燈耀小林崖，錦作雲巒臘作花。

裝點冬山齊慶賀，黑人舞足應琵琶。

此首詩中描述了聖誕之夜，居澳門島的黑人們張燈結綵，裝點居所，他們手舞足蹈、彈奏琵琶，欣喜若狂地慶賀節日的喜悅情景。

上述詩中，作者以其親身經歷，極爲眞實地記錄了澳門的民俗風情、社會生活，宗教文化，以及居澳夷人的精神面貌等，爲研究澳門史，尤其是中國天主教史提供了極爲寶貴的史料。

6.8 屈大均之《澳門五律》

屈大均（1630～1696），清初廣東著名詩人。順治七年清兵再次攻陷廣州，屈大均削髮爲僧，法號今種。屈大均約於順治十五年七月底赴澳門。此次遊澳，屈大均留下了有關澳門的大量詩文，其中最著名的詩有《澳門》五律六首，《望洋臺》五律一首，《廣州竹枝詞》五首。其收錄在《廣東新語》中的《澳門篇》，是他遊歷澳門時所見的眞實記錄：

> 番人列置大銃以守，其居爲三層樓，依山高下，樓有方者，圓者已居樓上，而居唐人其下，不以爲嫌……有東望洋寺，西望洋寺，中一寺曰三巴，高十餘丈，若石樓，雕鏤奢麗，奉耶蘇爲天主居之……有千里鏡，見三十里外塔尖……有顯微鏡，見花鬚之明蛆，背負其子，子有三四……人以黑氈爲帽，相見脫之以爲禮，錦毯裹身，無襟袖縫綻之制。腰帶長刀，刀尾拖地數寸，劃石作聲……面甚白，惟鼻昂而目深碧，與唐人稍異。……彼中最重女子，女子持家計，承父資業，男子則出嫁女子，謂之交印。男子不得二色，犯者殺無赦。女入寺，或惟法王所欲，於法王生子，謂之天主子，絕貴重矣……

《澳門》五律六首，有抒發其對澳門局勢的憂慮與深切關注：

> 廣州諸舶口，最是澳門雄。外國頻挑釁，西洋久伏戎。
>
> 兵愁蠻器巧，食望鬼方空。肘腋較無事，前山一將功。（其一）
>
> 南北雙環內，諸番盡住樓。薔薇蠻婦手，茉莉漢人頭。
>
> 香火歸天主，錢刀在女流。築城形勢固，全澳有餘憂。（其二）
>
> 山頭銅銃大，海畔鐵牆高。一日番商據，千年漢將勞。
>
> 人惟眞白氈，國是大紅毛。來往風帆便，如山踔海濤。（其五）

有反映其時海上貿易的狀況：

> 路自香山下，蓮蓋一道長。水高將出舶，風順欲開洋。
>
> 魚眼雙輪日，魷身十里牆。蠻王孤島裏，交易首諸香。（其三）

亦有反映澳門夷人之器物與風俗：

> 五月飄洋候，辭沙肉米沈。窺船千里鏡，定路一盤針。
>
> 鬼哭三沙慘，魚飛十里陰。夜來咸火滿，朵朵上衣襟。（其六）

禮拜三巴寺，番官是法王。花褸紅鬼子，寶髻白蠻娘。

鸚鵡含春思，鯨鯢吐夜光。銀錢麼鳳買，十字備圓方。（其四）

　　屈大均這幾首澳門詩和遊記，寫到了澳門港口的繁榮，城市建設的高樓、天主教的宗教活動、堅固的城牆與炮臺、商人們的出海貿易及澳門的一些民情風俗，展示了這一時期澳門歷史的真實畫卷。

6.9　丘逢甲之《澳門雜詩》

　　光緒二十六年，嶺南近代著名詩人邱逢甲與同鄉嘉應人王恩翔為籌辦「嶺東同文學堂」赴南洋，中停澳門。邱逢甲在澳門居停時間不足一月，居所在澳門崗頂，舊稱磨盤山。〔註50〕在此期間，他留下了十五首吟詠澳門的詩歌，統稱為「澳門雜詩」，詩中頗有澳門歷史紀實，堪為詩史。錄如次：

五百年中局屢新，兩朝柔遠暢皇仁。

自頒一紙蠲租詔，坐看江山換主人。（之一）

遮天妙手慶輿圖，誤盡蒼生一字租。

前代名臣先鑄錯，莫將割地怨庸奴。（之二）

　　這兩首詩，反映了葡萄牙以強權佔據澳門的歷史，前首後兩句述葡萄牙人居澳門後，自前明及光緒當朝，皆納地租之史實，光緒十三年始以地給之。後首述由前明名臣林富奏請，澳門租葡人之典，表達了詩人屈辱憤懣之情。「坐看」一語，更是對清廷之軟弱與葡人霸道的諷刺與譴責。

不是花門也自留，中朝全盛有人憂。

當時但笑書生見，非策方今信鹿洲。（之三）

　　該首以朝中百官的短視及昏聵，襯托出藍鹿洲的遠見，藍鹿洲為雍正時人，其有論，極言澳門居夷非策。

大西洋國競驚奇，前代文人易受欺。

一笑於今不相稱，可憐窮已似波斯（之四）

　　詩中恥笑前明皆以葡萄牙為大西洋國，而不知其為小國。並言今駐澳葡人甚貧，「可憐窮已似波斯」。

冶葉倡條編笆芽，雙瞳剪水鬢堆鴉。

春風吹化華夷界，真見葡萄屬漢家。（之五）

　　澳中尤多洋妓。其詩似一幅人物素描，將居澳葡人捲髮碧眼之形貌描繪逼真。後兩句反映葡漢兩家在澳門和睦相處之狀。

〔註50〕吳志良等：《澳門編年史》，第四卷，第2085頁。

兩園新舊傍山開，花下輕車走若雷。

逢著人天安息日，亞當親挾夏娃來。（之六）

天主堂高十字支，築從新教未行時。

嵌空萬石玲瓏甚，獨少流傳景教碑。（之七）

澳門南環有葡酋新舊兩花園，禮拜日士女車馬沓至賞花。亞當、夏娃句，舊約書末句一作「看花爭載美人來」。丘逢甲南遊詩中語言類別十分豐富，「舉凡佛語、道家語、俚語、西洋史事，以至聲光化電諸科學語，皆熔化採用。」如：「逢著人天安息日，亞當親挾夏娃來」。「天主堂高十字支」。上述詩句中的「安息日」、「亞當」、「夏娃」、「天主堂」便是源於西方宗教的辭彙。

誰從異代紀倭氛，曾比歐西早駐軍。

猶有蜻蛉洲上客，殘坊剔蘚讀和文。（之八）

該首述日本人佔據澳門在葡人之先，其「和文」標誌日本石坊，至今猶存。

白鴿巢高萬木蒼，沙梨兜擁水雲涼。

炎天傾盡麻姑酒，選石來談海種桑。（之九）

「白鴿巢」其得名與十八世紀曾在此居住之葡人馬葵士有關，因他所養白鴿棲於簷宇，遠觀像白鴿巢一樣，故而名之。白鴿巢前地周邊為葡萄牙人在澳門最早的居住區。在白鴿前地旁邊，還有白鴿巢公園，白鴿巢樹石絕勝，其地近沙梨兜。

四山高拱炮臺尊，海氣空濛晚角喧。

落落老兵扶醉去，斜陽一抹望霞村。（之十）

「望霞村」即「旺廈」、「望廈」，山上各有炮臺，然皆舊式。望廈村民，歷史上有抵抗外侮、屢與葡抗之傳統。清代兩廣總督張之洞在光緒十三年曾向清政府總理各國事務衙門，密報葡人越界向城外八村入侵的情形曰：

「查旺廈戶密丁多，首冠諸村，眾志成城，屢與葡抗。上年葡人的索租費，堅不承交。……今年正月，葡人復來索租，竟將成逼。即集眾鳴鑼會商，葡人一聞鑼聲，驚惶走避。此後未續來」。為此，望廈民眾十分感激，於光緒三十四年，在城隍廟立碑，並將當時仍在世的張之洞，奉上神木臺，尊為「建隆社之神」。望廈村，是澳門政治風雲變幻的縮影。

覆路榕陰接海堤，望洋東轉望洋西。

馬蛟石上看潮立，十萬軍聲戰水犀。（之十一）

東望洋、西望洋皆地名，馬蛟石爲澳門觀海最勝處。詩中作者以「十萬軍聲戰水犀」來比喻海潮，具體的描繪出海潮的澎湃壯觀，也令人聯想到驚濤拍岸所發出的巨大聲響，極爲形象。

　　誰報凶酋發冢冤？寶刀飲血月黃昏。

　　要攜十斛葡萄酒，來酹秋原壯士魂。（之十二）

葡酋昔有遍發唐人墓者，爲某壯士所手刃。此詩以道光二十九年義士沈志亮等梟亞馬留之首的歷史事件爲典，抒發了對葡人侵佔澳門領土恣意橫行的罪惡之憤慨與不滿。1849 年，葡萄牙駐澳兵頭亞馬留封閉了清廷在澳門的海關行臺，拆毀了香山縣承衙署，趕走了清政府駐澳官員，出兵闖入望廈村，越界在牆外屯兵築炮臺，恣意糟踏當地農民莊稼，強令村民搬遷祖墳，不從者即棄骸骨於海中。沈志亮等人憤恨之下，於當年 8 月 22 日，在蓮花莖中段「懷刃伺之」，刺殺了亞馬留。〔註51〕沈志亮過後被清廷處死，死後當地僑民爲他立墓誌欽。丘逢甲的詩歌追述了這段歷史，對於抗暴身亡之義士表達了極度的崇敬。

　　樓臺金碧擁南環，燈火千門夜不關。

　　滿地煙花春似海，三更人立磨盤山。（之十三）

南環爲胡賈聚居處，丘逢甲所寓在磨盤山上，夜望燈火如繁星。該首詩以山下繁華輝煌的景色與山上作者孤單的身影相映襯，表現出作者對這昇平美景背後之黑暗的憂慮與感慨。

　　銀牌高署市門東，百萬居然一擲中。

　　誰向風塵勞物色？博徒從古有英雄。（之十四）

澳中賭館最盛，門皆署銀牌以招客。此詩以反諷手法，稱賭徒稱爲「英雄」，實際上是對他們耽於賭博，不思勞動的辛辣諷刺。

　　仙洞雲封萬竹深，隔江勝地負登臨。

　　倚樓幻作蓬瀛想，一角青洲出海心。（之十五）

該首述作者擬遊竹仙洞而未果之憾，青洲在海中，詩作遐思悠遠，風格清新。

6.10 聞一多《七子之歌・澳門》

聞一多（1899～1946），原名聞家驊，著名詩人，學者，民主鬥士，新月派代表詩人。其對《周易》《詩經》《莊子》《楚辭》四大古籍的整理研究，後

〔註51〕吳志良、湯開建、金國平主編：《澳門編年史》第四卷，第 1638～1653 頁。

彙集成爲《古典新義》，被郭沫若譽爲「前無古人，後無來者」。

《七子之歌》是聞一多先生 1925 年 3 月在美國留學期間創作的一首組詩，共有七首。分別是《澳門》、《香港》、《臺灣》、《威海衛》、《廣州灣》、《九龍》，和《旅順、大連》。其中《澳門》《香港》兩首詩選入北師大版四年級下冊語文教材。

> 　你可知「媽港」不是我的眞姓名？我離開你的襁褓太久了，母親！
> 但是他們擄去的是我的肉體，你依然保管著我内心的靈魂。三百年來
> 夢寐不忘的生母啊！請叫兒的乳名，叫我一聲「澳門」！母親！我要
> 回來，母親！〔註52〕

這是每個炎黃子孫發自肺腑的呐喊！聞一多先生 1925 年發表的《七子之歌》，將當年中國被列強侵佔的澳門、香港、臺灣、威海衛、廣州灣、九龍、旅順大連等七塊土地，比喻爲祖國母親的七個兒子，紛紛強烈要求回到母親懷抱。第一首即是這篇震撼人心的《澳門》。詩中充滿了對祖國統一，和澳門早日回歸的眞摯期待。

繼「五四」新文學運動之後，三十年代抗戰時期，一批由大陸、香港避居澳門的知名作家茅盾、夏衍、張天翼、端木蕻良、秦牧、杜埃、於蓬、華嘉、和紫風等，他們的創作與抗日戰爭相始終。正如澳門日報總編輯李鵬翥指出：「遠在抗日戰爭時期，澳門的文藝活動蓬勃一時。活動的中心主題，都與抗戰這個歷史使命攸關。」

四、澳門海洋文化與辭書編纂及方言

6.11 享有世界聲譽的漢學家馬禮遜

馬禮遜在譯經、編字典、辦刊物、設學校、開醫館、印刷出版等方面皆有首創之功。與馬禮遜同時代的德國漢學家蒙士奇博士在評價馬禮遜的這一貢獻時曾說：「我敢斷言，馬禮遜博士在過去 10 年所出版的多種中文書籍，要比過去 100 年來印行的天主教傳教士的著作和文章，對歐洲的學者們要有用得多。」馬禮遜用漢語介紹「西學」知識，一方面旨在其「傳播」的「西學」容易被中國人所「吸納」，由此使其「傳播」得到積極的回應，而另一方面也必然促使「傳播者」本身在中國的語言文化處境中有一種「融入」和「重構」的轉換。所以

〔註52〕 聞立鵬：《聞一多與〈七子之歌〉：紀念父親百年誕辰》，載《聞一多研究動態》第 28 期，2000 年。

說，馬禮遜撰寫中文著作，實際上反映出「西學東漸」中的「西學」與「中學」之交融互滲，代表著走向積極的雙向互動之意向。〔註53〕

馬禮遜編纂的第一部《華英字典》，已爲其後漢英字典之圭臬。馬禮遜於1808 年開始編纂《華英字典》，爲三部六卷之巨著。法國著名漢學家雷慕沙評價說：「馬禮遜博士的《華英字典》與其他字典相比，具有無可比擬的優點。」它使中西文化交流更爲便捷和直接，中西學者和其他相關人士可以通過《華英字典》來展開中西文化詮釋及理解，在這種中英語言、字義的對比、對照中找出中西文化的異同及其可能溝通的途徑。

《華英字典》的內容涉及到中國的歷史、宗教、哲學、文化、政治、地理、風俗、禮儀等領域，它在詞義的解釋上觸及到中國的宗教、神話、哲學、科學、文學、文化、藝術、教育、體制、傳統、禮儀和風俗等方面，亦對中國歷史上的重要人物如孔子，即有所介紹和評價；認爲孔子體系的基礎「不是建立在獨立、平等的基礎上，而是建立在依賴和服從的原則上，……這些原則和方式很早即被灌輸到青年人的頭腦中，形成他們的道德觀。……在中華帝國的每個縣，都有一座廟來奉祭孔子。皇帝、王公、貴族和讀書人都向他禮拜——給他一種無神論的崇拜。因爲孔子不相信來世，也不相信任何神、天使和神靈，所以對他的禮拜不能稱爲宗教性禮拜。」

在其後的二十多年時間裏，馬禮遜著述了許多有關中國語言的專著，如《通用漢言之法》、《中國大觀》等。這些漢語著作爲西方人學習中文提供了便利，是現代漢語語法研究的最初嘗試。因其對中國語言研究的傑出貢獻，1817 年馬禮遜被格拉斯哥大學授予神學博士學位。馬禮遜堅持的學好一種語言必須深刻瞭解一個民族的歷史、文化、政治、法律、風俗、禮儀宗教的宗旨，使他的每部漢語著作皆堪稱爲中國的「資料信息庫」。

6.12 葡萄牙漢學家江沙維

著名的葡萄牙漢學家江沙維（1780～1841），生於葡萄牙特拉茲・多茲・蒙德斯省多若鎮。早年加入遣使會，1814 年 6 月 28 日到澳門，後一直在澳門聖若瑟修院從事研究與教學，從 1828 年至 1844 年間，他出版了一批漢學著作。他每天辛勤工作達 16～18 小時。他生前還是加爾各達亞洲學會的理事，並於 1840 年 11 月 18 日當選爲里斯本皇家科學院通訊院士。作爲一名漢學家，他令人吃驚地完成了如此之多的著作。1828 年，他在澳門出版的第一部著作是一本 16 開

〔註53〕參見卓新平：《馬禮遜與中國文化的對話》，《世界宗教研究》2010 年第 3 期。

本的小型著作，其書名爲《拉丁語法》，該書是爲聖若瑟修院的學生學習拉丁文而編的。次年，寫成了他的代表作《漢字文法》一書，1831 年底，出版了《葡法字典》，1833 年出版了《漢葡字典》，以及四部拉丁文字典，包括：《拉丁文漢語袖珍字典》、《拉漢小詞典》、《拉漢大詞典》和《拉丁語法》。〔註54〕這些工具書爲中國學生學習拉丁文提供了便捷的幫助。江沙維因其《漢字文法》、《葡法字典》、《漢葡字典》三部書而確立其爲傑出漢學家之地位，受到澳門人的尊敬與愛戴。被譽爲：他是一名好神父、一位優秀市民和一位樸實的哲人。

6.13 印光任、張汝霖《澳譯》

《澳門紀略》卷下《澳蕃篇》末的附篇，收入葡文單詞 396 個，以漢字注葡文讀音，爲中國人最早刊印的西文字彙，是西文翻譯史上難得的資料。《澳譯》開宗明要：「西洋語雖侏離，然居中國久，華人與之習，多有能言其言者，故可以華語譯之。不必懷鉛握槧，如揚子之遠訪計吏之勤也」。「揚子」即楊雄，西漢人，曾仿《爾雅》體例，撰《方言》，全名《輶軒使者絕代語釋別國方言》，著錄西漢時代各地方言。爲中國古代語言學的重要著作，也是漢語方言學的第一部著作。其後之有定州薛俊著《日本寄語》，爲明嘉靖初年中國士大夫的一部經世之作，也是中國人第一部研究日本的著作。其與以漢字著錄葡萄牙語言之《澳譯》，皆可稱爲不祧之祖。

《澳譯》之內容分爲五類，著錄葡文單詞 396 個。其中天地類 83 個，大體包含《日本寄語》的天文、時令、地理、方向等類的內容；人物類 161 個，大體包含《日本寄語》的珍寶、人物、身體、花木、鳥獸等類的內容；衣食類 52 個，大體包含《日本寄語》的衣服、飲食等類的內容；器數類 48 個，大體包含《日本寄語》的器用、數目等類的內容；通用類 51 個，大體包含《日本寄語》的人體、人事等類的內容。〔註55〕據章文欽統計，在《澳譯》著錄的 396 個葡文單詞中，與《日本寄語》相同的爲 101 個，相近的 51 個，合計52 個。辭彙數占《澳譯》的 38.5%，和《日本寄語》的 42.3%，所佔比例超過三分之一和五分之二。

《澳譯》大多得自清代澳門和廣州中西貿易場合及某些官方場合的中國通事，其所操爲同音異字而無文法的「廣東葡語」，主要受廣東官方的影響。

〔註54〕Chinese Repository, Vol.15, No.2, pp.69～80；引自吳志良等《澳門編年史》，第 3
　　　　卷，第 1558 頁。

〔註55〕參見章文欽：《澳門歷史文化》，中華書局，1999 年版。第 132、133 頁。

五、澳門碑記、廟宇文學

6.14 金石銘刻的澳門史

根據譚世寶在澳門進行的「明清澳門廟宇碑刻鐘鳴集錄研究」的歷史文物考察研究發現，明清澳門廟宇，大多數都是伴隨著中國的有關行政、軍事、海關等機構在澳門的一些要地建立，爲閩澳的官民祭祀等需求服務的，更是爲抵禦西洋人借天主教堂吸引華人歸化外國的重要設施。有關文物證實，天后宮等中國官廟在澳門的設立分佈，尤其是清雍正元年在澳門關閘口創建的「慈護宮」，雖然都是中國政府在澳門維繫傳統教化的政治宗教文化據點，也是中國政府在澳門擁有主權和加強行使管制權的重要象徵。雍正元年《鼎建紀事碑》明確宣告該廟「將使衣冠禮樂，大變其毛衣披髮之風。其於聖天子休明之化，未嘗無補焉。」代表中國官方明確宣示了其廟之鼎建對於在澳門推行雍正皇帝以華變夷的教化政策的目標功能。1849 年之後，澳門增建了一些新的廟宇，並且在有關廟宇的碑刻鍾銘匾聯中堅持使用中國的大清及其後繼的中華民國紀年。澳門最爲典型的是著名的蓮峰廟。此廟不但是清朝在澳門所建最早、最大型的閩澳奉祀觀音、天后、關帝、字祖、文昌、醫靈、金花、痘母、土地等多神合一之官廟，並且是在葡占期間惟一由愛國商民接管而能完整保存了鼎建及重修擴建的一系列碑鐘等文物之廟宇。其可鋪前人已發現及使用的文獻之不足，可爲研究、瞭解澳門之殘缺歷史等，提供文獻資料佐證。

澳門廟宇共有匾額、楹聯數以千計，壁畫、摩崖、石刻亦數以千計，其中不乏名家作品。這些廟宇繪畫、書法藝術，是最世俗化和大眾化的藝術形式，深受大眾喜愛。如媽閣廟正覺禪林外北側牆上的《媽祖閣五百年紀念》碑記，題額出自當代書法大家啓功之手，哪吒廟四方亭的巨匾，出自光緒年間翰林何作猷之手；普濟禪院內後一步齋的巨幅中堂書法，出自清代知名書法家鮑俊之手；媽閣山上「海鏡」、「太乙」等石刻，更是澳門的標誌。〔註56〕此外普濟禪院、媽閣廟收藏了大量明清以來名家字畫，他們是高劍父、關山月、徐悲鴻、康有爲、澹歸、屈大均、梁配蘭等。平添了廟裏的文化品味。

鑲嵌於今營地街市對面的關帝古廟（原正名爲三街會館）內壁有部分碑文錄校：「重建三街會館碑記」曰：粵瀕大海，與外洋諸夷接，停泊必於灣，灣所在則名澳，香山故有浪白等澳，諸夷互市於其中，守澳官權令蓋蓬棲息，

〔註56〕劉托：《濠鏡風韻》，文化藝術出版社，2005 年版，第 87 頁。

迨泊出洋即撤去，今之澳門，即舊濠鏡也。在香山大海中，起一石埂，廣十餘丈，長六里許，如蓮之有莖，中途甕城即關閘。踰之，抵澳門，則如蓮葩，其地三面。距海，有南灣、北灣，明嘉靖中，大西洋夷至此就二灣停泊，遂請濠鏡爲澳。澳既有南灣、北灣，復有南臺、北臺。臺者，山也，以相對如門，故謂澳門。夷人來者益眾，乃築室以居，歲輸稅五百金，至我聖朝，膺圖受祿，德威之誤所臨，無有遠邇，內外悉登諸袵席之上。夷人益用感戴，蓋安其業者，十數世矣。前十里爲十字門，如兩眉橫列而缺其正中。又南十里爲小橫琴，又南稍折而西爲大橫琴，重案也。澳門之形勢既雄，商賈輻輳，貨財阜通，列肆闤闠，鱗次櫛比，遂迄然成巨鎮，而寄籍於斯者，衣冠鼎盛，且爲成望族焉。居民市廛據其前，諸夷人擁其後。諸夷宮室、飲食、器用、貨物，無不仰給於華人。於是各立法以要於久。諸夷有議事亭，番目四人受命於其國，來董市事；則華人商賈，所以通貨財，平競爭，聯情好而孚眾志者，亦不可無地以會之，此三街會館之所由設也。創建之始，維有歷年。其碑文可考者：一重修於乾隆五十七年壬子之歲，一重修於嘉慶九年甲子之歲。每修必踵事增華，制日益備。今道光十五年乙未，又重建之。釀金一千數百有奇，十二月落成。神靈赫奕，廟貌輝煌，傍設公所，爲講信修睦之地，彬彬乎！有典有則矣。我國家長撫遠馭，中外一統，平準夷回部，拓地幾二萬里；掃漠北，而中原之自古險遠不到，凶頑貧涸之地，皆入版圖。而言語侏儒，衣服詭異之倫，罔不匍匐稽顙，隸諸臣僕。矧澳門諸夷，自有明僑居宇下，以生以育，沐浴我朝雨露之化，飲和食德。二百年於茲，如赤子之依父母，故雖華夷錯雜，耦俱無猜。而又得縉紳先生相與維持，而調護之所爲，市廛不驚，囂競不作，於以內崇國體，外綏夷情者，其必有道矣。爰爲之記，並揭高義捐輸名數載於碑陰。賜進士出身奉政大夫兵部職方清吏司主事加二級加員外郎銜南海何文綺撰文。（下接篆文印章三方，其文分別爲：「何文綺印」、「精園」、「庚辰會魁」）〔註57〕

　　本碑文爲維護澳門主權屬中國，不容爭議，並對澳門的開埠發展史作了清晰的敘述。值得注意的是，該碑文指出「澳門諸夷，自有明僑居宇下，以生以育，沐浴我朝雨露之化，飲和食德。二百年於茲，如赤子之依父母，故雖華夷錯雜，耦俱無猜。而又得縉紳先生相與維持，而調護之所爲，市廛不驚，囂競不作，於以內崇國體，外綏夷情者，其必有道矣」。由此可見，澳門

〔註57〕譚世寶著：《金石銘刻的澳門史》，廣東人民出版社，2006年版，第258、259頁。

的誕生、存在與發展，以及華夷錯雜、和平共處的局面形成，中國明清政府的文治武功的政策行之有方及廣東澳門地方縉紳相與維持之待客有道是主因，而諸夷的規化中國是其結果和次因。此碑可作有力的反證，正如譚世寶所論其可「破今人提出的澳門數百年來的生存之道就在於居澳葡人的雙重效忠之說」之觀點。

位於澳門十月初五街的康眞君廟，俗稱康公廟，是清末後起的最大型的澳門愛國華商之公廟。其興建共花時四年才完成。主事者身被葡治而心懷祖國，故在葡占時期興建，仍請與香山同里的中國京官曾望顏撰寫一通中國澳門傳統官廟式的建廟碑文，而且仍有原管治澳門的地方文武官員署銜帶頭捐金銀助建。碑文重申澳門爲香邑轄下之地，對其名實地理有具體而詳細的描述。其對抗葡人侵澳之用心顯然。《澳門康眞君廟碑記》曾望顏於同治七年撰，碑文典重雅致。碑文記曰：「……澳居香山之南，距城百四十里，一名濠鏡，又名海鏡。左有天，後宮，右有蓮峰廟；帶海襟山，澳華夷雜處，蓋邑南之勝景也。予少時嘗從先大夫游學於茲，通籍後官歷京外，遙別故鄉者三十餘年。甲寅秋，復奉文宗詔起之命，航海入都，道出期間，見夫商賈之雲集，民物之蕃庶，殆感倍於前時，余即慮其地之奢靡過甚，不無隱憂也。逾年冬果迭遭回祿，市肆凌夷，爲之惻然者……」。文中述其於道光十餘年間曾在澳門讀書，亦可知曾氏與澳門之淵源。尤其提到澳門「商賈之雲集，民物之蕃庶」，「奢靡過甚」，「市肆凌夷」之狀，眞實地記載了澳門殖民統治時期，對外貿易爲葡人所壟斷，其所經營的貿易特區商貿活躍、繁榮乃至奢靡之圖景。

至清末宣統朝，有釋遂昭宣統三年辛亥正月（1911）的媽祖閣石刻詩一首：

> 祥雲靄宵漢，常護半山亭。舊事傳神跡，新詩寄性靈。
>
> 天高凝古碧，樹老剩今青。悟到諸空相，聲香亦杳冥。

此詩屬步韻張道源詩之作，但格律嚴正，氣格清高，在清末澳門詩中，堪稱妙品。此外陳詞博，亦於同年有媽祖閣石刻詩：

> 鏡海鴻初印，約僧到閣亭。新詩參妙諦，古殺毓仙靈。
>
> 雲擁千峰碧，波涵萬渚青。勝遊人未倦，林靜晚煙溟。
>
> （辛亥冬月，余初至濠鏡，約友遊媽閣正覺禪林，訪得紀文、遂昭兩法師，相與欣然道故，摩崖讀詩，因次……韻，以誌鴻雪。中華南海陳詞博敬題。）

辛亥年冬月，殆清廷已走上末路，一般有清廷功名的文人，特別是原籍廣東珠江三角洲一帶的名士，往往為逃避政治上的大變或戰亂，視澳門為避禍之世外桃源，寓居澳門或偶遊，注僧探友，陳詞博這篇作品，即表現了文士們在改朝換代時常選擇的一種處世模式。

民國時期的澳門亦有若干重要的碑文，值得一記，如陳樾撰有《沈義士碑》，記述沈志亮行刺葡督亞馬勒之事蹟。

碑文首段即表哀慟之情：「昔僦居澳門，鄰翁述鄉土舊聞，謂總督阜利喇被刺，事越百年，聞之猶動魂魄。刺客赴罪死，士人哀之，稱義士馬。嘗偕出蓮峰廟，翁指道旁拳石，謂即義士快仇之處。至南灣，指策馬銅像，謂即義士所快之仇。他日，要之前山，出西郭，弔白草墳，謂義士瘞於是。封樹不完，立短碣而已。環碣白草怒茁，如鏃如矛，狀異常萊，故云。相與嗟悼久之，今年月，眾民會錢修墳，請撰詞具石。餘思專制之世，里巷匹夫，發憤取義，名垂志傳，式閭訪墓，心儀其人，尚論之以念來者，又奚可辭？乃書曰：清道光二十八年戊申秋八月二十有二日，香山縣龍田村民沈米，字志亮者，與郭金堂及吳某、陳某，刺殺澳門總督於望廈，報公怨也」。

繼而追述葡人越界侵田之事件：「葡人越界侵龍田望廈，毀我廬墓，肆殺人。訴官，官置不問。土民悲激，無可為計。志亮不能忍，逼而出此。至是民皆歡呼，謀資之令逸」。與其蠻橫無理：「葡人詣軍門」，終而志亮悲壯就義之過程。

陳樾怒斥英葡侵略者：「嗚呼！誠可恫已。慨自鴉片戰爭敗績，外人念我弱昧，窺沿海之地，強淩眾暴，訂不平等條約，連牆紛至。葡人遠在明代，先履吾土，由占而租，背約肆恣，當香港未割，英船之來東南亞者，皆泊於濠鏡山奧，故縣志紀葡患，屢及英人，英葡合祟，由來久矣」。

碑文最後表達了對義士的崇敬、對清廷的憤怒，以及為義士報仇之決心：「甚至死吾民以謝異族。復有罔利奸宄，引虎入室，俍噬同類，視沈郭諸子，奮臂赴難，不愛其軀，立意較然。不欺其志，其人其事，雖百世而猶光也。余平生視物，以殺為戒，然援筆及此，中情惻惻，不敢以儒生繩墨之論短之。銘曰：至大至剛，其氣浩浩，鐮剷一尺無情惱，鉤落仇頭如刈草，於戲！軻七良椎奚足道。」陳伯任乃民國時期嶺南名家，文章筆法頗宗桐城派，古雅而嚴謹，條理分明，上引一文，可以為證。全篇具有以文證史，文史互證之意義。

6.15　澳門廟宇文學

澳門的廟宇文學源遠流長，成績斐然。是研究澳門海洋文學史不可或缺的元素。其形式有碑文楹聯、牌匾、遊記、詩作等。澳門現存廟宇碑文多逾百餘幀，最古者爲蓮峰廟《蓮峰山慈護宮序》，刊刻於雍正元年（1723），距今已有二百七十多年歷史。這些古碑文采風流，不但記敘了相關廟宇的起源、沿革，還涉及本地區的歷史、自然、地理、政治、民俗、神話、軍事、外交諸方面。如媽祖閣景物的題詠，媽祖閣所在的娘媽角，在澳門西南。娘媽角山山勢險峻，巨石嶙峋，面臨澳門內港的入口處，南面即帆牆畢集的十字門。媽祖閣依山臨海，沿崖而築，古木婆娑，風光優雅，占盡形勝。歷代騷人墨客，登臨寄慨，信筆留題，磨崖勒石，成爲澳門中文碑刻最集中的地方。

媽祖閣碑刻中吟詠景物的石刻有光緒十三年（1887）以前所作七絕：《過汲水門，憶濠鏡上廟題石詩》云：「萬國朝宗日，馨香格杳冥……」上聯云：「萬國朝宗詠遠蕃，高題海鏡獨推尊。」《澳門紀略》稱：「海覺石，在娘媽角左，壁立數尋，有墨書『海覺』二字，字徑逾丈。」此「海覺」，即「覺海」，爲佛教的別稱。佛以覺悟爲宗，海喻教義之深廣。登上媽祖閣覺海石頂觀海，大有「觀滄海而覺妙禪」之意。「海覺」二字，涵義深遠，與山川形勝融爲一體。

澳門普濟禪院住持暢瀾，於1916年九十多歲時，作媽閣石刻詩四首，其一曰：「百尺禪龕古，天然瘦石亭。神仙工斧鑿，川嶽放英靈。萬木重張綠，群山齊送青。一聲雲磬裏，清響破空冥」。

據專家考證，澳門神功戲賀誕迄今已有一百多年歷史，如今在媽閣廟、沙梨頭土地廟、雀仔園福德祠、蓮溪廟、譚仔北帝廟、路環譚公廟等處，每年仍聘戲班演戲賀誕。1860年同治年間，英國畫家愛德華・希爾德布蘭特繪有版畫《媽閣廟的戲棚》，反映的即是當年媽閣廟神功戲演出盛況，距今已有140多年的歷史，仍持續不衰。神功戲是澳門華人最早的戲劇活動，足以令澳人、嶺南人以及華夏子孫珍視與自豪。這幅版畫對研究與揭示澳門廟宇戲劇文化之內涵與藝術成就，具有重要的文化意義。

六、近代澳門報刊與漢學海外傳播

選擇印刷出版之手段，亦爲西方對華傳教之策略。澳門是中國境內外報刊誕生的發祥地。19世紀初至20世紀初的100年間，「由澳門土生葡人在中國境內（以澳、港、滬三地爲主）創辦的各類報刊達117種之多。」〔註58〕

〔註58〕李長森：《近代澳門外報史稿「序言」》，廣東人民出版社，2010年版，第3頁。

澳門早期葡文報刊不僅注視著本國的鬥爭，而且十分關注中國的重大事件及中國歷史的發展進程。「特別是佩雷拉家族創辦的《大西洋國》和飛南第家族創辦的《鏡海叢報》，更是把中國作為主要新聞報導及追蹤對象。」其中提供的澳門政治、經濟、文化、文學及社會史料均為其他檔案文獻所不及，特別是反映澳門葡人上層社會內部矛盾與鬥爭，其資料更為精彩。澳門葡人創辦的報刊，如《察世俗每月統紀傳》、《大西洋國》、《澳門鈔報》、《澳門教區通訊》、《復興雜誌》、《獨立報》、《求實報》、《澳門新鏡報》、《文學脈絡》等所發表的海外漢學研究的諮詢和成果為量甚豐，涉及面廣，其中一批著名的漢學家如博克塞、白樂嘉、潘日明等是其主要撰稿人和編輯。正如湯開健先生所云：「澳門亦成為海外漢學研究成果出版的重要陣地。」

6.16 《察世俗每月統紀傳》

馬禮遜創辦的《察世俗每月統紀傳》（1815～1821）為第一種中文月刊，在中國報刊發展史上位居首尊，它的成功創辦，開啓了中國近代報業的先聲，繼其之後才有《特選攝要每月統記傳》、《天下新聞》、《東西洋考每月統記傳》等中文期刊的創辦。《察世俗每月統紀傳》是由馬禮遜籌畫，米憐負責編輯，在南洋印刷出版，共出了七卷。撰稿人馬禮遜、米憐和另一個英國傳教士麥都思。最初每期印五百本，後來增至兩千本，除在南洋華僑中散發外，還秘密發送至廣州、澳門一帶。其內容包括傳教，與時事新聞。

《察世俗每月統紀傳》作為中國近代第一份中文月刊，它在現代漢語新詞的創制上，在標點符號的運用上，在通俗白話文的過渡中功不可沒。此刊首次引用西洋標點符號：頓號與句號。中國古代作文不用標點，全憑語感斷句理解，往往因句讀不同而引起歧義。《察世俗》使用的標點符號，雖然只有兩種，卻為文化素養不高的普通人閱讀理解提供了方便，同時它盡量採用通俗的白話文體，對中國文學從文言向近代白話的過渡具有積極意義。

6.17 中國叢報

《中國叢報》是由美國傳教士裨治文在廣州創辦，向西方讀者介紹中國的一份英文刊物。它創辦於 1832 年 5 月，停辦於 1851 年 12 月，共 20 卷 232期。〔註 59〕

馬禮遜即為《中國叢報》的創始者與前期重要的撰稿人。據統計，僅 1832年到 1834 年馬禮遜去世前短短幾年間，他為《中國叢報》撰稿達 97 篇，內

〔註 59〕張西平主編：《中國叢報・前言》，廣西師範大學出版社，2008 年版。

容涉及中國的政治、法律、語言、文學、人口、自然、物產、哲學、宗教、對外關係等方面。據黃鴻釗統計《叢報》內容包括：「中國國情類（514 篇），中外關係類（396 篇），外國類（142 篇），宗教及其它（326 篇）。」〔註60〕

　　在長達 20 年的時間裏，它詳細地記錄了第一次鴉片戰爭前後中國的政治、經濟、文化、宗教社會生活等方方面面的內容，這些記錄均來自早期傳教士的耳聞目睹，都是第一手的材料，特別重要的是作爲鴉片戰爭的目擊者，傳教士極其他在華西方人在《中國叢報》中留下了大量關於第一次鴉片戰爭五口通商的重要史料，對於清史研究具有重要意義。

　　《中國叢報》曾三遷其址，在澳門出版時間長達八年。它在二十年間，共發表文章 1378 篇。

　　《中國叢報》是當時來華貿易的商人、傳教士乃至軍政人員的必讀書。同時它把中國的思想文化傳入西方，1593 年，利瑪竇將「四書」譯成拉丁文，16～19 世紀、澳門教區有二十五名傳教士翻譯和撰寫了 77 種著作，分別介紹了中國的四書五經、歷史地理、兵法醫藥等古代典籍，與道家、法家的思想。這些典籍在歐洲思想文化界產生了一定影響。

6.18　中國之蜂

　　道光二年（1822）9 月 12 日，澳門創辦了取消海外省辦報禁令後在澳門出現的第一張報紙《中國之蜂》。該報創刊者爲立憲派領袖巴波沙中校，出版者爲多明我會修士貢薩洛·阿馬蘭特。報紙由東印度公司印刷所協助印刷，每逢周四出版。導致《中國之蜂》在澳門出版的原因，主要是在澳門日益強大的葡萄牙本土政治力量和澳門土生葡人對自治訴求之間的鬥爭。其次是由於1821年葡萄牙新政府解除了1737年的禁止海外出版書報法令和自 1768 年開始實行的新聞檢查制度，通過了新聞自由法案。於是，從《中國之蜂》創刊開始，便站在居澳葡人的角度，爲葡萄牙的立憲革命勝利而吶喊，爲在總督手中奪回權利而歡呼，並以立憲派機關報和立憲派政府

《中國之蜂》創刊号

中國之蜂

〔註60〕黃鴻釗：《澳門史》，福建人民出版社，1999 年版，第 552 頁。

公報自居。又同時以保皇派爲攻擊的對象。〔註61〕在西方國家，近現代報刊是伴隨公民社會政治意識的形成而出現的，旨在以更快捷的途徑傳播反對傳統建制的先進思想意識。《中國之蜂》的誕生，自然也不例外。

6.19 大西洋國

同治二年，10月8日，《大西洋國》周報創刊發行。該刊試用了近似「官話」的中文譯音「Ta-Ssi-Yang-Kuo」，據庇禮喇之子‧若昂庇禮喇解釋：「據說利瑪竇於1600年進入北京後，明神宗皇帝問他來自哪裏，他使用這四個字做了回答。」該刊共發行了134期。1866年4月22日停辦。創辦人爲生于果阿的加布里埃爾‧費爾南德斯。主編是庇禮喇。該報的編輯人員還有：亞歷山德勒‧塔沃拉等四人。該刊是澳門歷史上一份十分重要的新聞歷史文學周刊，其中保存了許多極爲珍貴的澳門歷史資料。〔註62〕

《大西洋国》封面

大西洋國

6.20 鏡海叢報

光緒十九年7月18日，中文報刊《鏡海叢報》創刊。該報從葡漢雙語周刊《鏡海叢報》中分出。刊行人爲土生葡人弗蘭西斯科‧飛南第。逢周二出版，1893年7月18日出版第一版，最後一期是1895年12月25日出版。主要內容有綜述、中外報、省港報選登、本澳新聞、官方事告、詩詞、廣告等。該報代派報紙之處遍佈中國內地、香港、新加波、小呂宋、三藩市、葡萄牙、帝汶等地。影響很大，對反清思想的傳播其了極大的作用。孫中山先生與該報的關係十分密切，其中許多報導反映了孫中山在澳門早期行醫及革命活動。如孫中山在

《鏡海丛報》书影

鏡海叢報

〔註61〕林玉鳳：《澳門新聞出版四百年》，載《澳門史新編》，第4冊，第1213頁。
〔註62〕吳志良等：《澳門編年史》，第4卷，第1752頁。

廣州策劃首次武裝起義失敗的消息，其在起義前發表的《農學會序》，並附言介紹孫中山的事蹟等。1921 年，孫中山就任非常大總統，曾聘請弗蘭西斯科‧飛南第當顧問，因其年事已高而婉言謝絕。他們兩人的友誼至今在澳門仍被傳爲佳話。

6.21 知新報

光緒二十三年，維新派在澳門創辦的重要刊物《知新報》正式出版。社址在澳門大井頭 4 號。總理爲何廷光、康廣仁。撰述者何樹齡、韓文舉、梁啓超等。主要欄目有：論說、上諭恭錄、京外近事、農事、工事、商事、礦事、路電譯錄等。初爲五日刊，自 1897 年 5 月

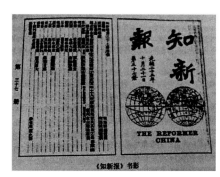

《知新報》书影

31 日第 20 冊起，改爲旬刊。1900 年 2 月 14 日起，改爲半月刊。目前所見最後一期，當爲 1901 年 1 月 20 日出版的第 134 冊。吳恒煒《知新報緣起》一文對報刊宗旨作了闡述：「報者，天下之樞鈴，萬民之喉舌也，得之則通，通之則明，明之則勇，勇之則強，強則政舉而國立，敬修而民智。」《知新報》創刊不久，聲譽鵲起，暢銷全國，並遠銷越南、日本、新加波、美國等。發行點在國內有 40 多個，在國外有 10 多個。澳門《知新報》與上海《時務報》、湖南《湘學報》在當時成爲三足鼎立的維新派重要喉舌。〔註63〕

《知新報》停刊後，維新派在澳門又創辦《濠鏡報》，該報由澳門富商何廷光出資創辦，由盧雨川、黃式如、陳子韶等人當任編輯工作，這是繼《知新報》後，南方維新派在澳門創辦的第二份報紙。此報當即爲《知新報》之改名，以躲避清廷之追捕。

〔註63〕吳志良等：《澳門編年史》第 4 卷，第 2060、2061 頁。